A MULHER E SEUS SEGREDOS

A MULHER E SEUS SEGREDOS

Desvendando o mapa da alma feminina

Luiz Cuschnir

LAROUSSE

Copyright © 2007 by Luiz Cuschnir
Copyright © 2007 by Larousse do Brasil

Direção editorial
Soraia Luana Reis

Editor assistente
Isney Savoy

Assistência editorial
Leila Toriyama

Preparação de texto
Rosamaria Gaspar Affonso

Revisão
Jandira Queiroz e Naiara Raggiotti

Diagramação e projeto gráfico
Pólen Editorial

Capa
Sart/Dreamaker Brand & Design

Gerente de produção
Fernando Borsetti

Dados Internacionais de Catalogação na Publicação (CIP)
(Câmara Brasileira do Livro, SP, Brasil)

Cuschnir, Luiz
   A mulher e seus segredos: desvendando o mapa da alma feminina /
Luiz Cuschnir. – São Paulo : Larousse do Brasil, 2007.

   ISBN 978-85-7635-189-4

   1. Autoconhecimento – Teoria 2. Feminilidade (Psicologia)
3. Feminismo 4. Mulheres – Comportamento 5. Mulheres – Psicologia
I. Título.

07-0068   CDD-155.633

Índices para catálogo sistemático:
1. Mulheres : Comportamento : Psicologia   155.633

1ª edição brasileira: 2007
4ª reimpressão: 2007

Direitos de edição em língua portuguesa para o Brasil adquiridos por
Larousse do Brasil Participações Ltda.
Av. Prof.ª Ida Kolb, 551, 3º andar – São Paulo/SP – CEP 02518-000
Tel. (11) 3855-2290 – Fax (11) 3855-2280
E-mail: info@larousse.com.br
Site: www.larousse.com.br

Sumário

Prefácio
Por Adriane Galisteu — 9

Prólogo: O que é a mulher? — 11

1 Uma bússola íntima para explorar o mapa da alma feminina:
experiência pessoal com as mulheres — 15

2 Principais contornos do eu feminino:
os paradigmas de feminilidade do passado — 24

3 Áreas devastadas: perdas e ganhos da revolução do feminismo — 30

4 Novas fronteiras do feminino: ser mulher no século XXI — 35

5 Coordenadas para seguir adiante:
alguns pontos doloridos da alma feminina — 40

6 A rematrização do feminino: superando o modelo da mãe — 68

7 As moradas dos desejos femininos: em que áreas estão
localizadas as principais necessidades da mulher — 76

8 Desenhando um novo mapa: mudanças rumo à integração — 91

9 A geometria da alma feminina: integrando os vértices — 103

10 A mulher mais integrada com sua essência:
encontrando seu núcleo — 116

Apêndice
Imagens que inspiraram *O mapa da alma feminina* — 123

*À minha mãe, Fannyzinha, como meu pai a chamava,
mulher primeira, com quem começou tudo para mim.
À Celia, para quem sou o melhor homem que posso ser.
À Adriana, minha filha, meu legado da mulher.
Ao André, meu filho, minha cria para as mulheres.
Às mulheres, para que possam sempre resgatar suas essências.
Aos homens, para que possam usufruir e completar o melhor delas.*

PREFÁCIO

Falar de mulher! Mais que isso, entender de mulher é uma tarefa árdua e deliciosa ao mesmo tempo. São tantos os caminhos a percorrer que só um profissional dedicado, iluminado, sensível e cercado de mulheres consegue atingir aquele algo mais que nós temos, sabemos que existe em nós, mas às vezes somos incapazes de identificar.

Para quem não sabe, sempre gostei de escrever, mas sozinha e sem ninguém ler. Quando recebi o convite do Dr. Luiz Cuschnir para escrever o prefácio deste livro, tremi. Mas aceitei. Primeiro por considerá-lo um amigo. Afinal, acho que ele sabe tanto de mim que às vezes tenho a impressão de que ele me conhece e me entende melhor do que eu mesma... E, depois, porque acredito profundamente no seu trabalho.

Sempre digo que se relacionar é a arte mais difícil da vida, o prazer mais dolorido e a tentação mais real. Todos nós, em qualquer canto do mundo, sem deixar ninguém de fora, estamos vivendo, saindo, entrando numa nova relação amorosa ou saindo de uma. E, mesmo quando nada disso está acontecendo – quando estamos só passando por aquele período de tentar se entender para poder entender melhor o outro, escolher melhor ou simplesmente se deixar ser escolhida –, também estamos "nos relacionando".

Seja qual for a sua situação, saiba que existe sempre uma forma diferente de se encontrar. Neste livro, você vai ler diversas histórias e conhecer sob vários pontos de vista a alma feminina. Ao longo da leitura, vai perceber que suas dúvidas e dificuldades não são exclusivamente suas, não são as maiores do mundo e que é possível despertar esta nova mulher que você tem aí dentro e começar a viver agora de um modo diferente do que você vive hoje.

Talvez a dica mais preciosa deste livro seja justamente esta: a de que, a cada instante, temos a oportunidade de ser outra se não estivermos felizes com a mulher que somos. Onde é que está escrito que existe um modelo a seguir e que devemos nos manter assim ou assado para sempre?

Mude, mude sempre que puder ou quiser. Fuja da tentação confortável de estar acomodada com você mesma! Ainda que demore, ainda que doa, procure se conhecer, saber quem você é e o que você quer. E, então, dê o seu melhor, porque a vida lhe retribuirá na mesma medida.

Este livro foi feito para as mulheres que buscam o melhor de si e para os homens que valorizam essas mulheres.

Adriane Galisteu

PRÓLOGO

O que é a mulher?

Faz algum tempo, estava no consultório, num dos intervalos que tenho entre um paciente e outro, refletindo sobre as questões que norteariam este livro e vi minha atenção desviada para as orquídeas que tenho espalhadas pelo meu ambiente de trabalho.

Eu olhava, em especial, para a que está na minha sala de atendimento. Quantas emoções ela presencia e absorve... Quantos segredos ela guarda... Como um terapeuta, que acolhe o que lhe contam, mas não expressa a dor que sente na alma quando se comove com a história de alguém que foi ferido no coração.

Pensava em como poderia responder a uma questão essencial e primeira que fica rondando a cabeça de todos aqueles que se propõem a pensar sobre a alma feminina: o que é a mulher?

Encontrei uma resposta para essa pergunta, absolutamente complexa, fazendo uma associação simples entre as mulheres e as minhas orquídeas.

Qualquer um pode olhar uma orquídea e, com base no seu conhecimento de todas as outras flores semelhantes ou diferentes dela, dizer: "Essa flor é uma orquídea". Uma pessoa que conheça melhor as flores poderá afirmar que ela é uma orquídea pelo formato, pela cor, pela textura e pela disposição das pétalas. Outra pessoa poderá ir além e dizer que ela é uma orquídea porque pertence à família das orquidáceas, uma espécie abundante em países tropicais como o nosso. Um cientista ainda mais criterioso poderá examinar as células da flor em laboratório, comparar com outras espécies e afirmar, com plena convicção, que aquela flor é uma orquídea porque suas células têm uma organização peculiar que as caracteriza.

Cultivadores, estudiosos e apreciadores, em razão da convivência diária e íntima com as orquídeas, poderão desenvolver um olhar mais atento ao "modo de ser" e às "necessidades" dessas flores. Poderão perceber, por exemplo, que regá-la com apenas uma colher de água mineral por semana faz com que ela se mantenha bela por mais tempo. Atentos à organização peculiar e exótica das orquídeas, poderão notar ainda que elas "não gostam muito" de mudar de lugar com freqüência, pois precisam de tempo para se adaptar à luminosidade e à temperatura do novo local. Poderão se dar conta de que a maioria demora pelo menos um ano para florir novamente depois que as flores morrem. Mas que nem mesmo isso as define, porque uma delas pode, inesperadamente, florir duas vezes num período de três meses, como aconteceu com a orquídea de uma pessoa que conheço.

Entretanto, ninguém, por mais conhecedor que seja dessa flor, jamais poderá dizer a ela: "Eu sei o que você é, orquídea".

A mulher é como a orquídea. Ninguém jamais poderá dizer: "Eu sei o que você é, mulher". Mas, pela convivência diária e íntima, pelo estudo criterioso e científico, pela paixão incondicional à sua espécie, pode conhecer de maneira especial o modo de ser, as necessidades e o comportamento da mulher. Pode aprender quais são os alimentos básicos necessários para satisfazê-la, para deixá-la mais bela e integrada com sua espécie e com as outras, mas sem nunca perder de vista suas particularidades e seu contínuo processo de transformação. Porque, até nisso, a mulher se assemelha a uma orquídea. De tanto vê-la, diariamente, podemos achar que sabemos como ela é. Mas, se fosse possível, esse saber não duraria mais que um dia, pois, no dia seguinte, ao olhá-la novamente, descobriríamos que ela já não era mais a mesma, tal qual as orquídeas, que, de um dia para outro, vão mostrando uma leve inclinação nas suas hastes, sempre tentando desviar do molde que lhe tentamos impor. Mesmo que conseguíssemos observar todos os seus movimentos, não seria possível abarcar todos os aspectos elementares do seu ser, que guarda segredos inatingíveis, às vezes até para ela mesma.

Neste livro, portanto, você não encontrará uma visão totalizadora da mulher nem definições cristalizadas, rótulos, idéias fechadas do que é a mulher, porque a mulher é um ser inalcançável em sua complexidade, sua diversidade e seu ininterrupto processo de transformação.

O objetivo deste livro é compartilhar com os leitores uma série de observações que fiz ao longo do meu desenvolvimento como homem, terapeuta e escritor. Observações que não são fruto de "achismo", mas de um consistente trabalho de escuta da alma feminina desenvolvido ao longo desses mais de trinta anos em que pesquiso, ensino e aprendo a respeito da questão dos gêneros, além de acompanhar os relacionamentos em psicoterapias de homens e mulheres.

Meu desejo é de que, ao final do livro, tanto as mulheres quanto os homens que se interessaram por essa leitura compreendam um pouco mais a alma feminina e sejam capazes de valorizar este ser extraordinário em toda a sua amplitude e singularidade.

O mapa que me proponho a traçar, portanto, não lhe será dado de antemão; mas, sim, delineado durante o seu trajeto. Para isso, convido você a me acompanhar numa viagem. Veremos paisagens conhecidas e arredores familiares, mas também regiões quase inacessíveis, algumas de caminho pedregoso e difícil acesso. Abriremos clareiras se preciso for e encontraremos recantos nos quais será necessário parar e olhar em volta com cuidado. Ao final, você, mulher, tomará posse daquilo que é e sempre foi seu: seus caminhos, seu destino, sua essência, os contornos da sua verdadeira alma. E você, homem, terá uma parceira na sua viagem pela vida.

1
Uma bússola íntima para explorar o mapa da alma feminina: experiência pessoal com as mulheres

Bússola: Tudo o que serve de guia ou norte.

Meu fascínio pelo feminino vem de longe, talvez mesmo da relação próxima com as mulheres da minha família, uma família judaica tradicional, cuja parte materna tem ascendência inglesa e austríaca. Da ramificação inglesa, tive contato direto com minha avó, que me contava histórias sobre meus antepassados, pais dela, que viveram na Áustria no século XIX, na época da guerra do Império Austro-Húngaro.

Pesquisando mais tarde, descobri que o imperador do qual minha avó falava era Franz Joseph, que ficou conhecido como "amigo dos judeus". Foi ele que ajudou meus bisavós a emigrarem para Londres, onde nasceram minha avó e suas irmãs, mulheres que, na virada do século XX, já em São Paulo, passavam as tardes tomando chá e jogando cartas, com pose de aristocratas.

Essas figuras femininas deram origem a outras que povoavam meu imaginário, mas a primeira e mais marcante mulher da minha vida foi, é claro, minha mãe. Uma mulher delicada, atenciosa e discreta, daquelas que dão a impressão de que flutuam pelos espaços em que se movem. Sofisticada e elegante, uma verdadeira *lady*, cujos pés jamais me lembro de ter visto sem salto alto.

Mas minha mãe não era apenas uma mulher gentil, ela era, e é até hoje, com a riqueza dos seus 80 e tantos anos, também uma mulher de personalidade forte, moldada pela necessidade de lidar diariamente com a rigidez de princípios e os ensinamentos tradicionais de minha avó, uma daquelas inglesas típicas, que passam o tempo todo dizendo: "Sente-se direito"; "Diga por favor"; "Agradeça"; "Peça desculpas".

Recentemente, minha mulher Celia e eu fomos visitá-la no lar para idosos onde ela mora agora. Comentei com ela como as pessoas que lá trabalhavam a elogiavam pela doçura, educação e gentileza com que tratava todos. Ela se virou para mim e respondeu com certo ar de indignação: "Mas é claro, se uma pessoa me traz um remédio, tenho que agradecer; se me serve a refeição, tenho que agradecer; se preciso que fechem a porta, tenho que pedir por favor". Pensei comigo: "Esta é minha mãe", enquanto Celia adivinhava meu pensamento e sorria cúmplice.

Além dessa figura materna fortíssima, bem próxima a mim, havia também a presença marcante de minha irmã, dez anos mais velha que eu. Uma mulher belíssima que, na juventude, era muito admirada e cobiçada, tanto pelos membros da nossa comunidade quanto de outros meios sociais, que a comparavam à Marta Rocha, na época em que esta perdera o título de Miss Universo, por ter poucas polegadas a mais de cintura. E foi em torno dessas mulheres que eu vivi a primeira infância.

Isso até chegar à época da escola, quando as professoras, na sua maioria moças educadas e amorosas, passaram a integrar o universo feminino que me rodeava. Lembro-me de que, na década de 1950, as instituições educacionais eram femininas por excelência. Quase não havia professores homens. O mais comum é que eles fossem os diretores das escolas.

Aos 16 anos, depois de ter tido algumas namoradas, viajei para os Estados Unidos a fim de participar de um intercâmbio cultural. Lá fui acolhido por uma família católica, totalmente diferente da minha. Eu, de origem judaica, me vi comemorando o Natal, indo à Missa do Galo, trocando presentes de Natal – com direito a botas de feltro colorido pregadas na lareira –, aproveitando aquela oportunidade tão especial e me divertindo muito com tudo aquilo. Mas o que realmente me causou estranhamento foi o comportamento das mulheres que conviviam comigo naquela casa.

Minha "mãe americana" era uma garçonete divorciada que namorava o dono do restaurante em que trabalhava. Tinha uma filha adolescente, de 15 ou 16 anos, que, para meu espanto, podia receber o namorado no quarto, a portas fechadas, em plena década de 1960, algo impensável no Brasil naquele tempo. Além das duas, morava na mesma casa uma outra filha da minha "mãe", uma mulher com três filhos pequenos, que vivia uma relação sombria com o marido, um homem rude e violento que, durante minha estadia lá, seqüestrou os filhos depois de uma separação litigiosa.

Lembro-me de que, na época, passei a experimentar um sentimento ambivalente por aquelas mulheres todas, que se comportavam e viviam de um modo estranho à minha realidade, à educação que eu recebera. Elas eram todas, de certa forma, "o tipo de mulher" malvisto e até repudiado pelos que integravam meu círculo de convivência. Só muitos anos mais tarde eu compreenderia o quanto aquela diversidade era natural e o quanto aquela experiência enriqueceria meu crescimento pessoal e profissional.

Foi nos Estados Unidos que tive meu primeiro *date*, uma espécie de encontro que era comum entre os adolescentes americanos, algo um pouco mais estereotipado e mais sexualizado do que o "ficar" de hoje. Pela regra, os casais de adolescentes agendavam um encontro, faziam um programa juntos – pegavam um cinema, por exemplo –, e, se os dois estivessem a fim, o encontro podia evoluir para o sexo. As meninas americanas encaravam aquilo com a maior naturalidade, diferentemente das garotas brasileiras da mesma época, que nem mesmo com o namorado sério ou o noivo se dispunham a ter mais intimidades, com exceção, é claro, das mais "liberadinhas".

Meu referencial de mulher, portanto, começou se constituindo assim, como um mosaico, ao qual se juntariam muitas outras figuras ao longo do meu desenvolvimento como homem, terapeuta, pesquisador e escritor. Uma das pedras fundamentais desse mosaico, que considero um marco profissional muito significativo da minha profunda afeição à alma feminina, foi um fato que me aconteceu quando estava no terceiro ano da Faculdade de Ciências Médicas de Santos. Eu era paciente de uma terapeuta de São

Paulo que não poderia atender uma mulher de Santos e pediu que eu a substituísse naquela função, com uma supervisão intensiva para nortear minha conduta.

Era minha primeira experiência psicoterapêutica propriamente dita. Minha função: aplicar numa paciente grávida um método junguiano de relaxamento (a calatonia) que se propunha a ajudar pacientes com o acesso a conteúdos inconscientes de suas mentes. Esse procedimento aliviaria a tensão e as angústias da gestante, sentimentos que poderiam representar risco para o bem-estar da mãe e do bebê. Mal sabia eu que naquele atendimento plantava a semente do meu trabalho terapêutico e seguramente deste livro.

Mas o fato é que o contato com aquela primeira paciente grávida, em seu momento mais essencialmente feminino, quase divino, da geração de uma vida, me abriu uma perspectiva até então não experimentada da grandiosidade da mulher, sentimento precursor de um embevecimento pela alma feminina, que ali se descortinava ainda de forma embrionária.

Os anos se passaram, tive mais algumas namoradas e, já no quinto ano da faculdade de medicina, aos 21 anos, começaria a viver um grande amor platônico por uma garota da Holanda. Nós nos correspondíamos por carta desde os meus 15 anos. Por meio das cartas enviadas pelo correio, tínhamos o que hoje corresponderia aos namoros virtuais que se tornaram comuns com o surgimento da Internet. Eram cartas que iam e viam, cheias de experiências vividas pelos dois, mostrando um ao outro o que era a vida de cada um.

Após anos de correspondência escrita, marcamos nosso primeiro encontro durante a primeira viagem que fiz à Europa, de mochila nas costas, levando comigo pouco mais que a vontade de desvendar a cultura e os hábitos de outros países e o excitante desejo de conhecê-la pessoalmente.

No início, tudo não passava de um amor platônico disfarçado de amizade e alimentado por interesses comuns, sendo o principal deles o fato de sermos totalmente aficionados pelos Beatles. Porém, depois dessa minha estadia na Europa, ficamos tão apaixonados que ela veio para o Brasil, e passamos a ter uma vida em comum, namorando e morando juntos, enquanto eu continuava meus estudos de medicina. Era um tipo de relacionamento bastante liberal para a época.

Porém, conforme se aproximava a data da minha formatura, precisávamos decidir se nos casaríamos ou não. Decidimos não nos casar. Éramos muito jovens ainda. Ela era estrangeira, sem muitas perspectivas de se fixar no Brasil, e eu, apenas um estudante, ainda sem condições de assumir a responsabilidade da vida conjugal. Ela voltou para a Holanda, e marcamos um encontro de despedida em Paris, algum tempo depois.

Lembro-me daquele encontro como se assistisse a um filme, porque ninguém escapa das emoções novelescas de um amor prestes a ser despedaçado, mesmo que muitos anos tenham se passado. Era inverno, o dia estava nublado e chuvoso. Fui buscá-la na estação de trem. E passamos uns dias em um hotel de estudantes bastante aconchegante e romântico, que se assemelhava a uma vila antiga, com uma fonte "do amor" no enorme pátio central que o circundava, dividindo os aposentos. Nosso quarto tinha poucos móveis, em estilo antigo, cama com dossel e jarras com flores na cabeceira. Antes separados pelos mares, em continentes diferentes, nos amamos muito naqueles dias, como se tivéssemos suspendido o espaço, o tempo e a vida que pulsava para além daquele nosso último encontro. A juventude ultrapassava quaisquer fronteiras físicas ou mentais.

Quando chegou a hora de nos despedirmos, refiz com ela o caminho de volta até a estação de trem e nos separamos de novo. Na plataforma daquela antiga e inesquecível estação, me vi mergulhado numa melancolia aprisionadora, que parecia ainda maior entre as colunas de ferro que sustentavam os tetos de vitrais multicoloridos. A arquitetura sólida da estrutura que ultrapassava décadas sem se fragilizar, com seus movimentos abobados e arremates artisticamente simétricos, demonstrava-me que havia seqüências de histórias de vínculos amorosos entre as pessoas, que se uniram a outras e depois a outras, formando um enorme sistema de relações interligadas.

Lembro-me de que, a cada movimento mais brusco e compassado do trem, nossa troca de olhares ganhava uma intensidade tal que palavra nenhuma seria capaz de expressar. À medida que o trem se distanciava, voltávamos, racionalmente, cada qual à vida que nos esperava longe dali. Mas tenho convicção de que ela carrega consigo um pedaço de mim, da mesma forma que até hoje tenho um pedaço daquela mulher, assim como de tantas outras que me inspiraram e moram aqui, num dos cantos do meu coração.

Alguns anos e muitas outras namoradas se passaram, até que eu encontrasse uma mulher com a qual decidi construir minha vida. Nós nos conhecemos na festa de aniversário de uma amiga em comum. Ficamos noivos e nos casamos em pouco mais de um ano. Ali começava uma nova fase de reconhecimento do convívio pleno e constante com o feminino e da maneira de compartilhar a vida doméstica com uma mulher.

Durante três anos, vivemos somente nós dois, partilhando sonhos e projetos de vida. Eu já tinha iniciado minha vida profissional, e ela estava terminando seus estudos de psicologia. Movimentos e sons iam se ajustando, preparando a afinação para uma conciliação mais harmônica.

Quando nos sentimos prontos, maduros o suficiente, planejamos ter nosso primeiro filho. Fizemos uma viagem de navio pelos mares e ilhas do Caribe. A viagem foi como um marco, uma passagem da nossa vida a dois para a nossa vida familiar.

Engravidamos do nosso primeiro filho, André, e aí tudo ganhou uma nova dimensão. Lembro-me do deslumbramento de ser pai de um menino, da paixão que sentia – e ainda sinto – por ele. Quando viajei para fazer mais um estágio em psicodrama nos Estados Unidos, ele tinha apenas 1 ano e 6 meses. Nunca vou me esquecer do episódio dele entrando na minha mala de viagem e se recusando terminantemente a sair de lá, porque queria ir junto comigo. Estávamos, os dois, completamente apaixonados.

Mas eu precisava ir, dizia a ele, tentando dissuadi-lo a sair da mala. Aquela viagem foi um divisor de águas na minha carreira, pois foi nessa viagem que me aprofundei nas teorias e técnicas de J. L. Moreno, uma personalidade tão importante para o psicodrama quanto foi Freud para a psicanálise. Voltei de lá como referência por ter sido o único brasileiro que estagiou com o criador do psicodrama, o mestre dos mestres nessa área. Porém, para viajar, tive que deixar o André aqui por um tempo. Acho até que chorei mais do que ele por causa daquela nossa separação forçada.

Na segunda gravidez, achei que seria o máximo me tornar pai de outro menino. Mas eis que nasce uma menina, minha filha Adriana. Ao estranhamento inicial – afinal, até então eu só estava treinado para cuidar de um menino –, logo se sucedeu uma paixão deliciosa. Em poucos meses, tornamo-nos inseparáveis. Lembro-me dos primeiros cuidados com ela: trocar as fraldas, vesti-la, enfeitá-la com "chiquinhas" combinando com a roupa, um aprendizado novo a cada dia.

A convivência com meus filhos nos longos períodos de férias que passávamos juntos no interior do Estado de São Paulo, em Águas de São Pedro (muitas vezes, sem a mãe, mesmo antes de nos separarmos), me servia como inspiração, porque justamente nessa época comecei a escrever meus primeiros livros e a pintar meus quadros, cuidando dos dois a distância, enquanto eles brincavam com os monitores na piscina do hotel.

Sob o meu olhar atento e amoroso de pai, as diferenças entre ele e ela logo foram aparecendo. Era sempre um embaraço levar a Adriana ao banheiro. Geralmente, precisava pedir a ajuda de alguma hóspede quando estava sozinho com minha filha. Mamadeiras e papinhas eu tirava de letra, mas levá-la ao banheiro era sempre embaraçoso.

Já uma menina crescida, eu a imaginava ressentida por ter de se sentar separada de mim e do irmão na sinagoga (homens e mulheres judeus sentam-se em lados diferentes nesse ambiente religioso). Às vezes, Adriana tinha sorte de se sentar ao lado de alguma mulher que se sensibilizava por ela estar sozinha e puxava conversa. Quando isso não acontecia, esperava pacientemente o momento em que poderíamos estar de novo lado a lado.

Com o André, as brincadeiras eram sempre entre monstros e carrinhos, na maioria das vezes com muito barulho e adrenalina. Já com a Adriana, tudo era mais leve: distribuir as bonecas, preparar a comidinha... Quantas vezes, depois de um dia duro de trabalho, querendo estar com ela para brincar juntos, eu quase adormecia no chão do quarto enquanto ouvia aquela voz doce ninando e conversando com as "amiguinhas".

Hoje, Adriana é uma jovem independente, vaidosa, disciplinada e extremamente exigente, tanto do ponto de vista ético e moral quanto do ponto de vista estético. A menina loirinha de olhos claros transformou-se numa bela jovem de cabelos castanhos e olhos verdes. E é para mim um precioso referencial do desenvolvimento da feminilidade, que muito contribuiu para nortear meus estudos e meu entendimento sobre a questão dos gêneros.

Depois de formado em medicina, fiz residência em psiquiatria e passei a trabalhar com psicoterapia, atendendo homens, mulheres e famílias. Nessa época, ao verificar como estavam os vínculos afetivos e a rápida transformação das estruturas sociais, comecei a questionar especificamente o papel do homem no pós-feminismo, um homem completamente perdido, cujos referenciais de masculinidade vinham sendo esfacelados diante das conquistas femininas.

Desses questionamentos, brotou um amplo trabalho de pesquisa sobre o gênero masculino e seus dilemas, embora, em nenhum momento, eu tenha deixado de considerar a perspectiva da mulher em todas as pesquisas e processos terapêuticos que conduzi.

Meu objetivo sempre foi ultrapassar o campo das confrontações e chegar a um encontro possível entre homens e mulheres, trabalhando com os dois individualmente (em grupos só de homens, em grupos só de mulheres) e em grupos de homens e mulheres juntos.

A ênfase nos homens ocorria por percebê-los muito mais despreparados que as mulheres. Mas, depois de tantos anos de trabalho, posso afirmar que hoje o homem está mais "descascado", mais flexível, menos "mascarado", e aos poucos vem aprendendo – ainda que às vezes por tentativa e erro – a lidar com as mulheres que o cercam em todas as esferas (familiar, profissional e social).

Mas o fato é que ainda existe um certo desencontro de desejos entre homens e mulheres, muita frustração e um forte jogo de acusações de um lado e de outro. Boa parte dessa infelicidade tem a ver com a dificuldade de comunicação entre os dois, uma comunicação cheia de ruídos, que não chega a se completar, porque um não assimila o que o outro diz, apesar de estarem o tempo todo se buscando, precisando se completar e se realizar nesse relacionamento.

Depois de já ter escrito livros sobre o universo masculino, tentando ajudar os homens a lidar com seus novos paradigmas e os paradigmas das mulheres, que mudaram radicalmente após a revolução sexual, me voltei para o estudo e a pesquisa sobre o universo feminino, que tinha estado o tempo todo dentro e fora do meu escopo de trabalho.

Com base nesse trabalho, me propus a traçar agora uma espécie de mapa da alma feminina, localizando suas características intrínsecas, detendo-me nos mecanismos do seu comportamento e dos seus sentimentos, estudando as perspectivas pelas quais a mulher olha e é vista pelo mundo.

Minha bússola para este trabalho são as histórias que as pacientes me confiam durante seus processos psicoterapêuticos, o material que compilei ao longo desses anos, as situações e os depoimentos reais que tive a oportunidade de coletar, minha paixão incondicional pela alma feminina, e as experiências vividas com todas as extraordinárias mulheres que fizeram e fazem parte da minha vida.

2

Principais contornos do eu feminino: os paradigmas de feminilidade do passado

Contorno: linha que exteriormente limita um corpo, o desenho periférico de qualquer forma.

Até que a morte os separe

Na minha época de adolescente, quando morava na rua Marília, no Jardim Paulista, em São Paulo, e a avenida Paulista ainda era ladeada por ipês dourados emoldurando as mansões que existiam naquela região, "mulher desquitada" era sinônimo de "vagabunda".

Lembro-me dos comentários das mulheres da minha família, que alertavam umas às outras sobre os perigos de se misturar com fulana ou beltrana, porque elas estavam se separando. Os homens, então, nem se fala! O modo de enxergar "aquelas desquitadas" era apenas um dos diversos estigmas que assombravam o universo feminino.

Se olharmos com certa liberdade para o cenário que se tinha naquele tempo, podemos dizer que as mulheres de então tinham que lidar basicamente com três mitos: o mito do amor eterno, o mito da maternidade e o mito da capacidade sagrada de se doar.

Era inaceitável uma mulher que não jurasse e cumprisse o dever de amar e respeitar o marido até que a morte os separasse. É lógico que isso gerava conflitos, pois ninguém podia prever exatamente o que aconteceria com a própria existência ao longo da vida afetiva. Além do que era comum que as mulheres se casassem com um parceiro que nem tinha sido escolhido por elas. Esse tipo de imposição nem sempre se dava totalmente às claras, como é hábito entre os povos orientais. Começava com um "jogo de empurra" meio sutil, em que se exaltavam as qualidades do pretendente e se facilitava o acesso dele à casa dos pais da moça na tentativa de aproximá-los.

Se a mulher recusasse a corte que o pretendente lhe fizesse, a família que o "encomendara" caía num estado de profundo constrangimento, lamentando que os dois não tivessem chegado a um entendimento, apesar da educação tão próxima, de serem da mesma classe social, de compartilharem os mesmos valores, de estarem acostumados ao mesmo ambiente social, em suma, "de terem sido feitos um para o outro". Como se o fato de ter lido os mesmos livros, freqüentado o mesmo clube e ter tido acesso ao mesmo tipo de conforto pudesse garantir a felicidade...

Amar essa pessoa, de origem muito conhecida dos familiares e ao mesmo tempo estranha do ponto de vista da intimidade gerada pela verdadeira intersecção de duas almas, podia ser um tormento. Como amar esse outro, estranho e avesso, às vezes de uma faixa etária muito diferente? (Era comum as mocinhas se casarem bem jovens com homens nem tão jovens assim.) Esse era um dos grandes dramas das mulheres de antigamente.

Nem sempre era assim. Havia os "bons partidos", que escolhiam sua eleita e iam atrás dela. Se fossem bem-vistos e recomendados, quase não havia opção para a moça, que nem sabia quem era esse rapaz, o pretendente, só "o que" ele achava dela.

Mas as frustrações tinham que ser sufocadas, engolidas, camufladas. Não se podia falar, contestar, divergir, enfrentar. Só as "revoltadinhas" o faziam, e naquela época a mulher, em geral, não estava autorizada a se revoltar. Tinha apenas que amar sempre e para sempre. Não importava se ela, quando aceitou o pretendente, tinha tido pouca ou nenhuma vivência amorosa.

A disposição e a resignação necessárias para suportar a idéia do "até que a morte os separe" se assentavam numa outra idéia: a de que a mulher precisava ser capaz de se doar (primeiro aos pais, depois ao marido, aos filhos, aos necessitados).

Não é à toa que, desde os tempos mais remotos, o trabalho voluntário, caridoso e abnegado de cuidar dos pobres e dos doentes sempre ficou a cargo da mulher. Só mais recentemente os homens passaram a se engajar em atividades voluntárias em que se dispõem a se doar afetivamente. Antigamente, eles eram no máximo presidentes, diretores e tesoureiros das instituições. As mulheres é que se dispunham a colocar a mão na massa, lidar com a crueza da doença, encarar a pobreza face a face.

O mito da maternidade

Outro fator de conflito era a maternidade, que se misturava com a infinita e indiscriminada capacidade de se doar. Ter um projeto pessoal prioritário diferente de gerar e cuidar dos filhos era quase um sacrilégio. A mulher não tinha opção entre ser ou não ser mãe. Aquela que não tinha filhos ou que não podia ter filhos era desvalorizada pelo marido, chegando até mesmo a ser repudiada e estigmatizada pela sociedade como uma "árvore seca". Restava às mulheres serem mães de quantos filhos o destino mandasse e se dedicarem à educação deles e aos cuidados com a casa e com o marido quase por toda a vida. Sem contar o peso da crença de que uma mãe de verdade tinha que ser capaz de amar todos os filhos igualmente, o que gerava uma culpa insuportável naquelas que se percebiam amando seus filhos de modos diferentes. Haja culpa!

Nem faz tanto tempo assim que as relações se estabeleciam dessa forma, mas o fato é que, independentemente do distanciamento de tempo, a mulher contemporânea não se livrou completamente dos mitos do passado. Até porque o passado está dentro de cada uma. As mulheres carregam uma bagagem – genética, cultural e moral – que as habita e as habitará sempre, consciente ou inconscientemente.

Ainda hoje, existe no imaginário da mulher a crença de que, se não se casar e não tiver filhos, não conseguirá atingir a plenitude como mulher. Isso significa que aquela mulher do passado, cuja vida era devotada ao marido, à casa e aos filhos, vive dentro da mulher de hoje, independente e sozinha, quer ela reconheça isso ou não. A mãezona, acolhedora, cuidadora e agregadora sobrevive, ainda que em fragmentos, mesmo dentro da mais *workaholic* das mulheres, das solteiras convictas ou das descasadas com agendas lotadas até o próximo ano.

Por mais que a mulher se sinta ou queira parecer auto-suficiente, sempre haverá um comercial de margarina no meio do caminho. Já repararam como os comerciais de margarina trabalham quase sempre com a imagem de uma família com papai, mamãe, filhos (e cachorro)? Todos felizes e em perfeita harmonia, é claro! A margarina nunca é posta na mesa de mulheres solteiras, que estão se encontrando com as amigas para um café da manhã. Você já parou para pensar por quê?

Porque essa constituição mais tradicional de família é a que predomina no imaginário das pessoas. E mesmo a mulher mais "descolada", mais objetiva e racional pode ser fisgada pela nostalgia de não ter uma família como a do comercial de margarina. Principalmente se ela tiver uma lembrança boa, de pais e irmãos em volta de uma mesa de refeição, de avós com família numerosa, tios e primos que se reuniam em todas as datas importantes para trocar suas experiências de vida. Essa matriarca aglutinadora existe, mesmo dentro daquela mulher que decide racionalmente que sua vida comporta apenas um filho, e não mais de um, como quem compra apenas um automóvel, porque só dispõe de uma vaga na garagem.

O sonho do amor perfeito

Mesmo com toda a evolução e a transformação pelas quais passaram, mesmo submetidas a novas exigências, globalizadas e ditatoriais, de peso, cor, altura, perfil comportamental (impossíveis de enumerar aqui), as mulheres contemporâneas mantêm uma forte ligação com os desejos e os sonhos das mulheres de antigamente.

É muito difícil, até hoje, encontrarmos uma mulher solteira que não queira se casar ou que não quis se casar em algum momento de sua vida. O sonho de encontrar um amor eterno é a mola invisível por trás de cada uma das caçadas que as mais ousadas empreendem.

Enquanto estão focadas no desenvolvimento de suas carreiras, elas dão a impressão – para os outros e para elas mesmas – de que apagaram essa crença dentro de si. Mas é comum que elas levem um verdadeiro susto quando chegam aos 40 anos e se dão conta de que não desenvolveram esse aspecto afetivo da vida. Investiram tudo e conquistaram muito do que queriam nos projetos profissionais, mas percebem que não tiveram o mesmo desempenho quando revisam o currículo amoroso.

Mesmo as mulheres que sofreram fortes decepções no primeiro casamento, em relações altamente agressivas e destrutivas, e que por isso adotam a postura do "porco-espinho", mesmo essas querem ter, no mínimo, uma relação amorosa estável.

É por isso que a mulher se sente tocada mesmo nos filmes mais previsíveis e estereotipados de relações com final feliz. Muitas se emocionam até as lágrimas nas comédias românticas "água-com-açúcar", porque no fundo esses filmes tocam em desejos e sonhos que estão escondidos na alma feminina e que nada têm a ver com os critérios utilizados pela crítica especializada em cinema.

Quando relatam ter experimentado sentimentos assim durante uma sessão de cinema, a maioria se constrange e dispara a célebre frase: "Chorei como uma boba". Como se chorar fosse coisa de gente boba... Como se sonhar fosse coisa de gente boba... Como se acreditar no amor fosse coisa para idiotas desmioladas!

Por mais que algumas mulheres se sintam ou se mostrem endurecidas, incorruptíveis aos momentos sensíveis da vida, há territórios do eu feminino que continuam intactos, mesmo depois de todas as transformações pelas quais passaram. Ainda assim, muitas preferem manter esses territórios isolados, não só para os outros, mas para elas próprias. É como se colocassem uma daquelas placas: "Propriedade privada. Não ultrapasse". Isso porque no fundo têm medo de tocar nesses nós que foram construindo em suas vidas. Só que esses nós vão atando e tecendo verdadeiras camisas-de-força que as impedem de se soltar e recuperar a mobilidade e a flexibilidade que ficaram perdidas.

Sempre digo que todo processo de autoconhecimento começa pela disposição de olhar para o passado e verificar em que medida pensamentos e comportamentos se desdobraram e atingiram as bases dos pensamentos e dos comportamentos atuais.

Agora que você, mulher, fez esse vôo panorâmico para se lembrar de como eram, como viviam e como pensavam as mulheres das gerações anteriores à sua, vamos avançar um pouquinho no tempo e refletir sobre o que aconteceu com a mulher depois do feminismo. Quem sabe você encontre pelo caminho pedaços que também são seus e precisam ser recuperados?

3

Áreas devastadas: perdas e ganhos da revolução do feminismo

Devastar: tornar deserto, danificar, arruinar.

Equivalentes, porém, diferentes

Subjugadas quando solteiras ao mando dos pais, as mulheres eram passadas às mãos dos maridos nos mesmos esquemas de poder e exigência. Os homens mandavam, elas obedeciam, e assim foi por muito tempo. Mas as mulheres foram aos poucos cortando as amarras, rasgando as máscaras e assumindo seus verdadeiros desejos, num movimento sub-reptício que foi se alastrando ano após ano até eclodir com muita intensidade, num misto de euforia, coragem e poder.

Na década de 1970, quando eu estava em Londres, as mulheres já freqüentavam os *pubs* sozinhas, ou com uma amiga, o que para mim era uma novidade e tanto, já que, no Brasil, as transformações demorariam um pouco mais para aparecer. Mulheres não saíam à noite para beber de jeito nenhum.

Acho que nessa fase comecei a perceber que havia uma mudança em curso no comportamento feminino. O que eu não poderia supor era que, no futuro – e esse futuro é hoje –, mulheres que freqüentam bares sozinhas seria algo absolutamente banal diante das extraordinárias conquistas que elas ainda realizariam.

ÁREAS DEVASTADAS:
PERDAS E GANHOS DA REVOLUÇÃO DO FEMINISMO

A revolução feminista provocou enormes mudanças no comportamento das mulheres e no modo como elas se relacionavam com os homens. Elas conquistaram direitos, espaços e se tornaram independentes – financeira, social e culturalmente –, num curto espaço de tempo se considerarmos que, até o início do século XX, universidades renomadas, como Oxford e Cambridge, vetavam a entrada de mulheres e, no Brasil, elas não tinham sequer direito ao voto até os anos 1930.

Mas a luta que era quase por direitos humanos – pelo direito de escolher se queria ou não se casar, se queria ou não ter filhos, se queria ou não estudar, se queria ou não trabalhar, se queria ou não ter prazer – acabou extrapolando para outras fronteiras.

Que a mulher quisesse ter os mesmos direitos dos homens já foi reconhecido como absolutamente legítimo. O engano foi querer ser igual aos homens. Querer ser igual quando todos sabem que homem e mulher são diferentes. Afinal de contas, ser igual é ser do mesmo jeito e não ser a mesma coisa.

O que a mulher queria era trabalhar como o homem, estudar como o homem, crescer como o homem. Mas não fazer tudo isso do mesmo modo deles, do jeito que eles faziam, mas, sim, a seu modo, com o seu jeito. Fazer a mesma coisa não significa *ser* a mesma coisa.

Se a mulher fosse igual ao homem, seria a mesma coisa, e todos sabemos que ela não é. Ambos se equivalem, mas não são iguais.

O alto preço da liberdade

Todas as transformações pelas quais as mulheres passaram ajudaram-nas a descobrir os "nãos": o que elas não eram, o que elas não podiam, o que elas não tinham, e as lançaram na luta para preencher todas essas lacunas. Mas não estimularam as mulheres a olhar e a valorizar o que eram, o que podiam e o que tinham.

Quando algumas não possuíam renda própria, podiam se sentir tolhidas na sua liberdade. Mas agora elas têm cheque e cartão de crédito, são obrigadas a enfrentar também a fila do banco, a administrar a própria conta, tenham seus investimentos ou o saldo negativo. Ou seja, a mulher teve que aprender a lidar com o ônus que a conquista lhes impôs.

Elas não precisam mais ouvir do marido a ladainha de que são esbanjadoras, inconseqüentes ou impulsivas, mas em compensação têm que desenvolver seus limites por conta própria, porque independência implica responsabilidade.

A mulher que emergiu do feminismo deixou de ser um simples objeto sexual ou apêndice do homem para vencer, intelectual, política e financeiramente, mas a armadilha cruel foi o alto preço a pagar por isso.

Cada vez mais, ela atinge os postos de trabalho mais cobiçados e alcança reconhecimento profissional de todos os lados: já são vistas em alguns ambientes como as mais eficientes, focadas e emocionalmente preparadas para a resolução de conflitos entre os membros de uma equipe. Como demonstraram capacidade para executar tão bem quanto os homens ou melhor que eles muitas tarefas, agora são cobradas por isso, tendo que se manter o tempo todo no topo da competência. Tornaram-se executivas por excelência.

As mulheres livraram-se de uma série de cobranças descabidas, mas se criou um outro tipo de pressão sobre elas. Se antes se ressentiam por não poder estudar, trabalhar fora ou sair do ambiente doméstico, hoje elas se ressentem por não poder cuidar do corpo, da casa, dos filhos, do marido, do namorado e da mãe como gostariam. Aos poucos, as mulheres estão percebendo que ganharam muitas coisas, mas também perderam outras tantas com a liberdade que conquistaram.

Hoje, elas não se vêem em condições de abdicar do que conquistaram fora de casa e, ao mesmo tempo, não conseguem cuidar como gostariam de si mesmas e do seu universo afetivo.

Independência financeira *versus* dependência afetiva

A idéia da mulher de ser totalmente independente do homem ajudou a cavar o fosso que distanciou os dois. É claro que ter independência é importante, mas, do ponto de vista amoroso, para que a relação dê certo, é necessário que haja entre os dois um mínimo de dependência. Uma dependência madura e adulta. Não dependência financeira, mas dependência afetiva. Uma intersecção entre eles, que lhes permita se tocar, se aproximar, enfim, ter, de fato, algo em comum, num processo de troca mútua e nutridora, que consolide e fortaleça o vínculo amoroso.

É por isso que hoje muitas mulheres estão sozinhas, ainda buscando um parceiro que as compreenda, atenda às suas necessidades existenciais e respeite sua liberdade e seus direitos, que valha a pena, que a complete e não a contenha nem se aproveite do sucesso dela.

Minha experiência como terapeuta e estudioso da questão dos gêneros aponta para a afirmação de que as mulheres modernas, principalmente as bem-sucedidas, correm o risco de achar que não precisam de um companheiro ou que é impossível encontrar um companheiro à sua altura. Afinal, têm amigos, trabalho, dinheiro, *status* e podem ter uma vida sexual ativa mesmo sem uma relação estável.

Armadas de todo esse arsenal de argumentos, muitas camuflam o fato de não querer pagar o preço de se lançar a uma relação conjugal, porque, na verdade, não aceitam a idéia de depender do homem, nem mesmo afetivamente. Associam relacionamento afetivo a uma regressão escravizante.

Então, vão deixando a vida correr, contentando-se com um pedaço de homem aqui e outro acolá. Sim, porque, mesmo quando saem "à caça" e conseguem "conquistar" alguém para uma noite agradável e prazerosa, estão tendo acesso a apenas um pedaço do homem que está a seu lado. Porque o homem por inteiro, com suas qualidades e seus defeitos, só é acessível àquelas que estejam dispostas a se entregar a um relacionamento mais profundo. E elas mesmas estão dando só um pedaço de si, porque "não são tolas para entrar num barco furado". Quando chegam a esse estágio, tendem a achar que todo homem é um barco furado ou sem motor, sem remos, sem assentos.

Entregar-se a eles gera medo. Afinal, antigamente, elas ficavam completamente "entregues" aos homens, a seus pais e maridos, e se davam muito mal nessa condição, reféns que eram da suprema vontade deles. Essa condição do passado gerou uma espécie de trauma na alma feminina. Por isso, é comum que, quando vislumbram um vínculo afetivo, algumas fujam, com receio de serem aprisionadas, muitas vezes provavelmente sem perceber que esse comportamento é resquício de um cativeiro que ficou para trás e que já deveria ter sido superado.

Mas as correntes que as aprisionam podem machucar e deixar cicatrizes mesmo que elas não estejam mais aprisionadas. As marcas podem até não ser totalmente visíveis, mas permanecem doloridas o suficiente para afastar qualquer elo que possa evoluir para um vínculo mais forte.

Bem, até agora, a maior parte do que você leu está relacionado à mulher de antigamente. Uma mulher com poucos pontos de contato com a sua vida real de hoje, seus desejos e conflitos, a não ser resquícios de comportamentos e sentimentos que você até acha que podem ter um pouco a ver com a sua vida, mas que estão longe de definir a mulher que você é.

Em outras palavras, você fez um sobrevôo por alguns continentes. Mas, olhando o seu mapa, não consegue se localizar direito: percebe apenas os contornos da mulher que é, mas ainda não é você.

Então, vamos fazer um vôo mais baixo. Vamos olhar mais de perto os traços da mulher que você é hoje. Identificar países e cidades suas, que agora aparecerão delineados com tintas contemporâneas e fortes, têmperas que se mesclam e criam novas texturas e nuances.

4
Novas fronteiras do feminino: ser mulher no século XXI

Fronteira: linha de demarcação entre duas frentes.

A ilusão das aparências

O caminho do feminismo legitimou e desconstruiu a condição da mulher reprimida, mas não a ajudou a dar um novo significado à sua essência a partir disso. A mulher reprimida, quando consegue se expandir e recobrar sua forma original, sem configurar outra vez a sua essência, dá lugar à mulher insatisfeita. E a mulher atualmente sente uma profunda insatisfação em vários aspectos.

Muito dessa insatisfação se deve ao fato de que a mulher contemporânea às vezes não sabe quem ela é por inteiro. Por fora, se vê vestida com o que está na moda, é atual, mas por dentro está descaracterizada do ponto de vista da sua essência. Sabe muito bem o que usar, como e onde estar, mas não sabe usar todo o potencial que tem dentro de si para ser feliz de verdade. Intuitivamente, ela percebe que pode ser muito mais do que é, que tem muito mais para desenvolver, mas não sabe o caminho para chegar lá.

Não conseguir se reconhecer no espelho. Notar que o corpo físico parece em desalinho com a alma. Não conseguir que o companheiro a veja como ela gostaria que ele a visse. Não ter um homem que a confirme como mulher. Não se sentir recompensada pelos esforços que faz.

É muito comum que as mulheres cheguem ao meu consultório sufocadas por esses e tantos outros conflitos. Cansadas, desmotivadas, com a libido desequilibrada e o coração partido. Buscam a felicidade, mas não têm forças para manter o otimismo ao longo do caminho. Ou nem caminho têm, estão à deriva, como um barco solitário no mar revolto.

Lembro-me de uma paciente que dizia não usar perfume, porque ainda não tinha encontrado aquele que se adequava ao seu jeito de ser. Ela dizia que, às vezes, passeando pela rua ou por algum *shopping*, sentia um perfume que se aproximava muito daquele que ela imaginava ser o seu ideal. Tinha até vontade de perguntar para a outra mulher que perfume era aquele. Mas não tinha coragem. Preferia ficar sem perfume.

Essa mulher que ainda não achou o seu perfume é como a mulher que está distanciada da sua essência. Vaga pelas ruas e pelos *shoppings* buscando uma roupa, um sapato, um acessório que a complete como mulher. Ela procura algo que lhe falta, sem saber exatamente o que é. Mas a essência da mulher não é uma coisa cambiável, não se compra em lojas de acessórios ou de *lingeries*.

Mesmo que a minha paciente fosse mais ousada e perguntasse para a outra qual era o perfume que estava usando e comprasse o mesmo, se decepcionaria com o resultado, porque a essência do perfume interage com a pele, e é essa mistura que exala o cheiro irreproduzível e inigualável que uma mulher pode ter.

Existem perfumes que ficam maravilhosos na pele de uma mulher e se tornam enjoativos ou azedos na pele de outra. Por quê? Porque a química da pele da mulher entra em contato com a química do perfume e os dois se misturam. Esse encontro de fragrâncias combinadas potencializa a feminilidade da mulher, quando a aproxima de sua essência. E, quando está em contato com sua essência, a mulher fica poderosa.

Mas, diferentemente disso, há muitas mulheres que sofrem pelo fato de estar sem um referencial seguro do que é ser mulher hoje. Olham para todos os lados e vêem modelos que não lhes caem bem, nem no corpo, nem na alma. Modelos que não podem usar à luz do dia sem se sentirem uma farsa.

Podem parecer poderosas no modo de se vestir, de se comportar, podem usar uma fragrância extravagante que desperte a atenção de quem está perto, mas, por dentro, muitas se sentem tristes, fragilizadas e confusas.

Uma ferida na feminilidade

Costumo dizer que existe uma espécie de ferida maculando a feminilidade da mulher contemporânea. Ao deixar o ambiente doméstico para se lançar no mercado de trabalho, algumas foram atrofiando sua feminilidade, distanciando-se da sua essência feminina, com medo de parecerem frágeis demais diante dos colegas de trabalho do sexo oposto, já mais talhados para os embates no campo profissional. Em certos ambientes profissionais e corporativos, procuraram mesmo esconder esses seus aspectos particulares, que poderiam denunciar suas inseguranças, inexperiências e medos. Isso vale tanto para as profissionais de ambientes corporativos quanto para as profissionais liberais.

Aos poucos, esse comportamento que era só uma armadura para enfrentar as batalhas profissionais foi se internalizando em outras esferas da vida feminina. É a história da máscara que adere ao rosto e faz com que a pessoa tenha sua personalidade desfigurada. A sua essência de mulher foi danificada pela máscara que teve de usar para não parecer o sexo frágil. Amalgamadas, hoje as máscaras as confundem na definição da mulher que são.

Como em geral acumulam muitas funções ao mesmo tempo, sentem-se divididas, o que as enfraquece e as torna vítimas de um insuportável sentimento de culpa. Se trabalham fora, sentem-se culpadas por não se dedicarem como queriam à vida amorosa ou aos filhos. Se não trabalham fora, sentem-se incapazes por não ter voz ativa na roda social dos economicamente ativos. Se têm namorado ou filhos que as consomem emocionalmente, se ressentem por não concentrar os esforços na carreira. Se optam por se dedicar apenas à carreira, sentem-se incompletas por não ter filhos ou um namorado. Se estão solteiras, sonham com uma vida a dois. Se estão casadas, sentem falta da liberdade que tinham antes do casamento. Se são descasadas, ficam divididas entre o alívio e a solidão de não ter alguém com quem dividir a cama e a vida.

O tempo todo se perguntam: como ser mãe, profissional, namorada, esposa, amante, filha, nora, irmã, cidadã? Como administrar a casa, estudar inglês, cuidar do corpo, estar atualizada, tudo ao mesmo tempo? Como cuidar da mãe doente ou do pai alcoólatra e ao mesmo tempo tomar conta da própria vida afetiva? Como manter o namoro e os estudos? Como namorar se trabalham 16 horas por dia e não podem namorar um colega de trabalho, "porque não fica bem namorar alguém do mesmo ambiente de trabalho!?". Como manter o interesse e a paixão do parceiro depois de anos de casamento, numa época em que os mais jovens trocam de par na mesma velocidade com que trocam de roupa? Em suma, como ser mulher em pleno século XXI?

Grande parte das mulheres está sendo massacrada pelo rolo compressor da pesada rotina de trabalho, da ditadura da moda, da culpa de não se sentirem satisfeitas num mundo que cobra de todas elas um atestado de felicidade com data ilimitada. Não conseguem ser a mulher que estampa as capas das revistas e aparece nas telenovelas e nos seriados de tevê. Estão cansadas dos manuais de revistas femininas que as restringem com regras e estratégias sobre "Como se dar bem no primeiro encontro", "Como enlouquecer o homem na cama", "Como ter uma carreira brilhante", "Como ter um corpo perfeito em dez semanas", quando tudo o que elas precisam é ser reconhecidas como mulher e viver de acordo com a essência da sua alma.

Vestidas com camisa-de-força

A fração mais sensível, suscetível e vulnerável das mulheres acaba desequilibrando o seu ser. Em alguns casos, elas vivem mais endurecidas que nunca. Vestem uma camisa-de-força, como uma máscara grosseira que fere sua verdadeira feminilidade e, apesar da dor dilacerante que essa máscara pode provocar, têm medo de tirá-la, de se livrar dela e reassumir sua verdadeira identidade. É preciso, portanto, cuidar dessa ferida, encontrar o bálsamo necessário para aliviar as dores provocadas por essa cicatriz, de modo a torná-la o mais inteira possível por meio do resgate de sua essência, que ficou perdida pelo caminho tortuoso da libertação do jugo masculino.

O problema é que aquilo que a mulher sabe sobre si não é suficiente para ser o que ela é. Quando sabe um pouco mais, ela pode até ter preconceitos contra si mesma (do jeito como fala, pensa ou se comporta). De qualquer forma, saber nem sempre lhe dá condições para ser. Nem tudo o que aprende ela consegue incorporar. E, se não incorpora, não promove a transformação necessária. Pode ficar apenas na teoria, mas não adquire um sentido concreto na sua vida.

Outras vezes, a mulher pode se sentir frustrada, porque não é quem ela queria ser. Isso tudo a leva a não se aceitar, não se reconhecer, a ponto de, num determinado momento, ter a sensação de que ela não é mulher.

Se você se sente perdida, dividida, confusa e desolada, com a impressão de que está desperdiçando sua vida em atividades sem sentido, que nada lhe acrescentam e só lhe tiram a paz de espírito e a alegria de viver, tem que ir atrás da origem desses sentimentos, procurar as respostas que possam lhe devolver a harmonia e a leveza de viver que ficou perdida em alguma esquina da sua vida.

Se não consegue alguém para amar ou ser amada como precisa, se perdeu o amor que achava que era seu, se vive envolvida em relações desastrosas, se não consegue ter uma relação afetiva mais duradoura, não adianta ir atrás de regras generalizantes que não se aplicam a você, à mulher que você é, com as suas características únicas e inigualáveis. Se tem a sensação de ser incapaz de dar conta de todas as demandas afetivas, profissionais, financeiras e familiares, saiba que não está sozinha.

A partir de agora, vamos olhar juntos a história de algumas mulheres com seus conflitos e suas dúvidas. Vamos fazer de conta que, depois do vôo baixo que propus aqui, estou convidando você a descer em algumas regiões do mapa feminino. Ao observar de perto o que algumas mulheres sentem, talvez você possa ampliar o modo como olha para si mesma, seja se identificando, seja se opondo às mulheres que vamos lhe apresentar.

5

Coordenadas para seguir adiante: alguns pontos doloridos da alma feminina

Coordenadas: elementos que servem para determinar um ponto no espaço ou numa superfície.

Princesas adormecidas

Elisabeth *passou o dia irritada. Sofria por antecipação o transtorno de ter de escolher uma roupa para o casamento da irmã. Deixou tudo para a última hora, e agora a aflição a consumia. Se não encontrasse uma roupa e aparecesse no casamento de qualquer jeito, a irmã não a perdoaria. Mas sempre detestou casamentos. Quanta bobagem! Quanto dinheiro desperdiçado! Nunca teve vontade de se casar na igreja. Considerava o ritual banal e demagógico. Quem é que pode se comprometer a viver feliz para sempre? Ela, não. Preferiu apenas morar junto com o ex-marido, e deu no que deu. Imagine se tivesse se casado na igreja! A decepção teria sido ainda maior. Na loja de roupas para festa lhe apresentaram modelos estranhos à sua personalidade, cheios de brilho, rendas e paetês. Perguntou se não tinha uma coisa mais básica. A vendedora olhava para ela com ar de comiseração. Até que a moça lhe trouxe um vestido cinza chumbo, discreto e até elegante. Elisabeth vestiu e, para sua surpresa, se sentiu bem dentro dele. Conseguia se mover naturalmente. O modelo valorizava suas formas. Teve uma sensação boa como havia muito não experimentava. Voltou a sentir aquilo no dia seguinte, na cadeira do cabeleireiro. De início, não queria penteado nem maquiagem, pensava apenas em prender o cabelo, mas já que ia colocar um vestido* de festa... Não podia fazer feio no casamento da irmã. Escolheu um penteado despretensioso e permitiu que lhe fizessem uma maquiagem leve. O resultado a surpreendeu. Ficou tão bonita... Na igreja, percebeu olhares admirados em sua direção, e aquilo era bom. Quando o casamento começou, sentiu um nó na garganta. Uma emoção estranha, meio misturada. Ressentiu-se por nunca ter sido pedida em casamento. Por não ter se vestido de noiva... Resolveu se casar como quem decide fechar um acordo com um cliente. Casamento na igreja não era coisa para o tipo de mulher que ela era. Mas que tipo de mulher era ela? Será que era mesmo mulher?

Costumo dizer que ninguém lê contos de fadas para as meninas impunemente. Logo que a menina começa a compreender minimamente uma estrutura narrativa, passamos a alimentar sua imaginação com histórias de lindas princesas que se casaram com príncipes perfeitos e foram felizes para sempre.

As histórias de contos de fadas instilam o amor eterno, o encontro com o homem perfeito – romântico, corajoso e protetor –, que estará sempre presente para enfrentar os monstros inimigos que surgirem na floresta.

Plantados no imaginário feminino muito precocemente, esses germens brotam "pela estrada afora". A mulher então passa a sonhar não com um príncipe exatamente, mas com homem gentil, cordial e sensível que seja ao mesmo tempo viril e corajoso, que a corteje, que a beije, que a proteja da agressividade do mundo externo.

E, quando o príncipe aparece, ela vibra por abandonar a solidão em que vivia, mesmo que seja uma solteira rica e bem-sucedida profissionalmente, porque de nada adianta a premiação do dinheiro ou do cargo que ela tanto almejou conquistar se não tiver alguém que a tome pela mão e a conduza pelos caminhos do amor.

A própria cerimônia de casamento com que muitas mulheres sonham tem a proposta de um conto de fadas. Há um noivo-príncipe que espera pela noiva-princesa. Há vestido com cauda e coroação. Em alguns casos, soam trombetas, uma carruagem a aguarda na porta para levá-la a um ninho de amor e até os sinos badalam para abençoar as juras que os dois fazem um ao outro.

Mesmo que as mulheres digam que não valorizam esse tipo de cerimônia, mesmo que tenham escolhido casar de outra forma ou tenham decidido não se casar, esse ritual ainda toca profundamente o coração feminino.

Quando a mulher está livre para imaginar, quando se permite sonhar, sem ter, como simples mortal que é, que matar um leão a cada dia, como a maioria é obrigada a fazer, ela tende a entrar em contato com seus sonhos, mais ou menos como aconteceu com a personagem que mostramos há pouco.

Essa mesma mulher, quando ouve as trombetas tocando em um casamento, sente uma emoção estranha e longínqua que não sabe identificar de onde vem. Sem que ela saiba conscientemente, o som desses acordes dirigidos ao céu a remete aos sons imaginários da vida mágica que lhe prometiam as histórias que o pai ou a mãe lhe contava antes de dormir. Só que, depois de ouvir as trombetas, essa mulher não dorme, desperta, desperta do amortecimento da vida que leva para uma outra realidade, a realidade em que vivia a menina sonhadora que ela foi.

Mas o despertar dura pouco, só o tempo da cerimônia, porque a princesa sonhadora não é mais tão bem-vinda a esse mundo pós-moderno. Mulher não pode mais se emocionar tanto. Não pode chorar no trabalho (só se for dentro do banheiro). Não pode depender do marido. As princesas estão fora de moda, pois as mulheres de hoje não podem mais passar horas e horas diante do espelho, escovando seus lindos cabelos longos, porque a agenda está cheia, e elas, sempre em falta com alguém, atrasadas para algum compromisso, presas no trânsito caótico ou nos metrôs das cidades grandes.

Os pais, que antes lhes contavam as historinhas em que elas tinham sempre um homem viril para defendê-las, hoje têm outra fala, a fala de que a filha precisa estudar, trabalhar, ter uma carreira brilhante e não pode depender de homem. Portanto, precisam não só do curso superior, mas também da especialização e da pós-graduação, do curso de línguas (mais que uma, de preferência), que lhe garantirão o patrimônio necessário para comprar as próprias carruagens de último tipo ou simplesmente pagar as contas básicas do fim do mês.

Quando essa mulher cresce, se leva isso ao pé da letra, nunca vai poder se entregar de verdade e viver um amor com alguma entrega e dependência – uma dependência boa em que um precisa do outro para se completar e ser feliz –, porque, diferentemente das paixões avassaladoras, que nascem e morrem com a velocidade de um relâmpago, o amor requer tempo. Um tempo para se passar juntos, perto, tecendo a intimidade como quem se manuseia um tear, fio a fio, compondo o mesmo tema a partir do movimento de cada uma das mãos, entrelaçando cores e gestos.

Mas a mulher que caiu da carruagem de princesa e agora precisa enfrentar sozinha a noite e os ladrões nas esquinas não tem mais tempo nem disposição para tecer o amor, fio a fio, cor a cor. Gostaria, isso sim, de poder comprá-lo numa loja de conveniência ou num supermercado 24 horas como compra as refeições que não consegue mais preparar, porque está sempre correndo para dar conta de tudo o que se espera dela.

Entretanto, apesar de estar totalmente distanciada do mundo dos contos de fadas, a mulher foi fertilizada por eles e, cedo ou tarde, essas fantasias vão brotar, enviando os sinais de que estão vivas dentro dela.

Uma mulher adulta, linda e bem-sucedida, pode ficar totalmente fragilizada por um medo inexplicável de falar e se apresentar em público. Se olharmos apenas superficialmente, diremos que esse medo não tem razão de ser, não faz sentido.

Às vezes, a explicação está lá no imaginário da menina que aprendeu que devia se resguardar como uma princesa, viver as emoções como uma santa, caminhar pelo mundo como uma fada, sempre mantendo em torno de si uma aura de mistério. Apresentar-se em público, portanto, vai na direção oposta daquilo que ela aprendeu e incorporou como crença.

A princesa que um dia sonhou ser pode estar adormecida no íntimo dessa mulher, mas ela só se dá conta de que essa outra existe dentro dela no dia em que depara com um homem que reúne muito do contorno que ela imaginou no seu conto de fadas.

Esse homem pode aparecer a qualquer momento. Mas será que ela terá olhos para vê-lo, distanciada que ficou da princesa sonhadora que a habita? Ou será que nem conseguirá reconhecê-lo?

Encontro fortuito

Digamos que, um belo dia, uma mulher como esta tenha que passar no mecânico – muito a contragosto, porque está com a agenda lotada de compromissos, como sempre – e, enquanto espera o conserto do carro, abre seu celular, que lhe dá a falsa segurança de não estar sozinha naquele ambiente hostil, cheio de graxa e onde não há sequer uma cadeira em que ela possa se sentar.

Mas eis que, enquanto ela está entretida com seu celular de última geração, percebe que um outro carro entra na oficina, e, desse carro, desce um homem. Muito de relance, ela o viu: óculos escuros, maxilares com ângulos bem marcados...

Sem olhar diretamente para ele, essa mulher sente o calor do movimento do homem em direção a ela. Seus sentidos são afetados. Ela entreolha as pernas dele, escuta a voz dele. Nesse instante, não existe celular ou compromissos importantes, a não ser o desejo inexplicável de que aquele homem seja o príncipe encantado que ela tanto esperou encontrar. Um desejo inconsciente, talvez, que ela não sabe identificar inicialmente, podendo até confundi-lo com desconforto ao perceber o coração batendo mais acelerado.

Nesse encontro casual e fortuito, ele aponta para o celular dela, perguntando se pode ligar, e, a partir daí, aquela mulher controladora e pragmática perde completamente o chão. Os dois estabelecem um diálogo quase lacônico em que ele lhe pede insistentemente o número de telefone. Ela então lhe estende o cartão num gesto quase automático, mas esquece de lhe

COORDENADAS PARA SEGUIR ADIANTE:
ALGUNS PONTOS DOLORIDOS DA ALMA FEMININA

perguntar o nome. Sai de lá às pressas, atrasada para o trabalho, traçando conjecturas e monólogos interiores, imaginando o que ele vai falar quando ligar para ela, até que o seu espírito crítico trata de avisá-la que ele não vai ligar. "Imagina se ele vai ligar!"

Mas ele liga e a convida para um café. Então, procurando todas as defesas para não se decepcionar como das outras vezes, ela precisa acionar todos os motores das pontes elevadiças do castelo, que têm de subir mais rápido do que nas histórias infantis, antes que ela se perca, antes que se entregue. Assim, arruma uma desculpa qualquer para ele, ou para ela mesma, e, sem muita convicção, recusa o convite para conhecê-lo. Mulheres assim descobriram que não existem mais príncipes encantados e histórias de amor à primeira vista, que a floresta da cidade grande está cheia de estelionatários disfarçados de homens gentis e elegantes, e, como são práticas e ocupadas, elas tratam logo de mergulhar no trabalho e esquecer essas besteiras.

A mulher pode estar tão imbuída da busca do sucesso, da auto-afirmação, de poder ser respeitada pelo que faz, da sua capacidade de gerar o concreto vil-vilão metal, de ser aplaudida pelo que realiza que, igualmente, pode perder a capacidade de sonhar o que também pensa ser.

Mas, apesar de todo o desencanto, as mulheres ainda guardam dentro de si o desejo de encontrar o príncipe encantado, como a madrinha de casamento, a personagem Elisabeth que apresentamos aqui. Só que, às vezes, se vêem forçadas a camuflar esse desejo, porque os príncipes estão em extinção, e elas se sentem constrangidas por ainda ter esse tipo de "sonho infantil".

Se você continua sonhando em encontrar um homem-príncipe, assuma seu desejo e saiba que muitas outras mulheres no mundo partilham desse mesmo objetivo. É lógico que você terá que aprender a aceitar o lado sapo do príncipe que lhe atravessar o caminho. Afinal, perfeição é coisa para seres divinos e não para simples mortais.

O que não dá é para ficar se escondendo atrás da máscara de menina superpoderosa e deixando a vida passar por puro preconceito de assumir o seu lado princesa.

Reféns da cozinha

Vanda *sentiu um gosto amargo de inveja ao provar o bacalhau preparado pela cunhada para a ceia de Natal. Adorava o prato que ela preparava, mas nunca elogiava. Todo ano era a mesma coisa. Acompanhada dos filhos e do marido – que estava sempre mais interessado em conversar sobre negócios com o irmão e o pai –, ela era encarregada de trazer para a ceia o panetone recheado de sorvete, a única coisa que sabia preparar. A cunhada, ao contrário, se punha na cozinha da casa da sogra, toda senhora de si, em meio a temperos e ingredientes variados. Naquele calor escaldante, as crianças correndo pela casa, o forno ligado, a pia às vezes abarrotada de louça e ela lá, com um sorriso estúpido nos lábios e um brilho insuportável nos olhos. Sim, porque só podia ser estupidez passar o dia todo cozinhando, para depois, em questão de minutos, ver todo o trabalho literalmente devorado. Ela detestava aquilo tudo, apesar de sentir água na boca só de pensar no bacalhau. Já tinha pedido a receita para a cunhada e passado todas as instruções para que a empregada fizesse o prato igualzinho. Tomara o cuidado de comprar a mesma marca de azeite. Mas de nada adiantara. O bacalhau da empregada ficava insosso, seco e esturricado. Ela mesma detestava cozinhar, cortar cebola, mexer com alho. Não nasceu para ficar com a barriga encostada no fogão. Mas não podia negar que tinha um lado bom naquela função toda em torno da comida. Enquanto a cunhada cozinhava, era cortejada por todos que estavam na casa. Um vinha e lhe dava um sorriso, esticando o pescoço para ver a quantas andava o prato. Outro oferecia uma taça de vinho e aproveitava para roubar uma azeitona, beliscar uma lasquinha do bacalhau. E depois eram os doces. Os sobrinhos todos olhavam a tia com admiração, entre caldas e coberturas de chocolate. E o marido, orgulhoso da esposa, ficava gravitando em torno dela. De vez em quando, a abraçava por trás, dando beijinhos no seu pescoço. Era tanta doçura que dava enjôo. Mas Vanda achava que, no fundo, a outra não passava de uma cozinheira. Ela, não. Ela não era cozinheira. O que ela era, mesmo? Será que era mulher?*

COORDENADAS PARA SEGUIR ADIANTE:
ALGUNS PONTOS DOLORIDOS DA ALMA FEMININA

As mulheres que não têm muita aptidão na cozinha tendem a confundir o fazer com o ser, por isso se ressentem. Elas olham para a mulher toda desenvolta nessa função e pensam no quanto é difícil não ter idéia de como se faz aquilo. Elas vêem o trabalho da outra mulher, ou pior, nem acompanham o processo, só o produto final daquele trabalho, e podem até se sentir envergonhadas por não saber cozinhar. Do não saber, ela amplia para o "Sou incompetente", daí para o "Sou péssima", e então amplia para o "Não SEI nada". Não sei nada para ela então pode ser: "Não SOU nada", que é igual a "Não sou MULHER". Mas ninguém é mais mulher ou menos mulher porque cozinha bem. A essência da mulher não está no que ela faz, está no que ela é, e aí está a grande confusão de Vanda.

Às vezes, quando a mulher não se permite fazer determinadas coisas, a forma que encontra de enviar essa mensagem para o mundo é dizendo: "Não sei". Assim, fica escondida atrás da máscara da incapacidade. Ela se esconde atrás da máscara de vítima. Ela mesma mantém para si o disfarce da incompetência. Desenvolve esse mito sobre si própria e o mantém como uma crença que a reduz. Em situações mais graves, ela pode se auto-atacar (por meio de uma doença auto-imune, por exemplo, ou de uma dependência química qualquer). O auto-ataque pode chegar pelo estado físico ou pelo psicológico. Quem cai nesse tipo de armadilha – não só pelo motivo específico de saber ou não cozinhar, mas por outros tantos que podem causar essa desagradável sensação de incapacidade – está sendo vítima de si próprio, porque não se permite tentar ampliar suas potencialidades.

É cada vez mais comum encontrarmos mulheres que têm uma espécie de fobia da cozinha. Mesmo que não saiba disso conscientemente, a mulher pode ter assimilado a idéia de que cozinhar é ser escrava, serviçal, empregada. Pode ter adquirido essa visão por um modelo a repetir ou por um modelo a se opor. O modelo de uma mãe, por exemplo, que passava horas preparando a comida como se aquilo fosse um fardo, sem que lhe dessem valor por isso. Se a mãe sofria por outras razões e era uma ótima cozinheira, a mulher pode ter associado esse sofrimento ao ato de cozinhar. Ou pode ter adotado essa postura por oposição, o que explicaria o fato de ótimas cozinheiras terem filhas que não sabem nem fritar um ovo.

Se você já se sentiu incompetente por não conseguir ter um desempenho legal nessa área, devia olhar mais atentamente à sua volta, antes de se afundar em cobranças e autocrítica. Nem só de cozinheiras brilhantes se compõe o universo feminino. Há incontáveis graus de desenvoltura para uma mulher na cozinha, e nenhuma é mais mulher ou menos mulher por causa disso.

Às vezes, a falta de aptidão está associada ao fato de a mulher ter focado toda a sua energia criativa em outras áreas, por exemplo, na profissão. Mulheres com esse perfil preparam o cardápio da casa da mesma forma que fazem a lista de compras: são pragmáticas e objetivas. Não têm traquejo para dar uma orientação mais de perto, sugerir um tempero diferente, um jeito mais atrativo de servir determinado prato, porque isso não está no centro da sua energia criativa.

É bem verdade que pode ser que, ao morar sozinhas, essas mulheres se alimentem tão mal quanto se fala do homem que vive sozinho. Elas não têm tempo nem motivação para cozinhar. Podem até ser *experts* em vinhos – porque as atrai ou está na moda conhecer vinhos –, mas ao mesmo tempo se sentem incapazes de fazer uma omelete, preparar arroz ou fritar um bife.

Por outro lado, algumas mulheres que não trabalham fora de casa e são cozinheiras excepcionais podem se tornar psicologicamente dependentes do próprio desempenho. Há aquelas que necessitam desesperadamente dos elogios que recebem quando preparam algo saboroso. Algumas podem ficar meio descompensadas a ponto de estimular os convidados a repetir o tempo todo que o jantar estava muito bom.

Quando cedem espaço para o homem na cozinha, essas mulheres fazem críticas de toda ordem: reclamam da bagunça e da sujeira, põem defeito no tempero, tentam desvalorizar o que ele faz, com medo de que ele roube os elogios de que elas tanto necessitam. Agem assim provavelmente porque estão com a auto-estima baixa, porque precisam dos elogios e não suportam a idéia de abrir mão desses elogios em função do outro. Se, por alguma razão, o homem assume o posto que era dela, a mulher pode se deprimir tanto quanto se tivessem lhe tirado o útero. Em situações assim, quando esse comportamento é identificado, é hora de a mulher rever o que está faltando para preenchê-la e o que a está levando a valorizar excessivamente esse departamento da sua vida.

O tempero é o amor

Como dissemos, há diferentes graus de desenvoltura de uma mulher na cozinha, mas isso não define nem qualifica a substância do que ela é.

É claro que existem mulheres que, apesar de ter pouco tempo e disposição para cozinhar, lidam bem com essa função. Trabalham fora, mas vez ou outra entram na cozinha e transitam bem nesse terreno, querendo proporcionar a si mesmas o prazer de comer alguma coisa gostosa. É uma forma que elas encontram de oferecer amor, se amar e, o que é melhor, se dar prazer.

Ao mesmo tempo, existem mulheres que cozinham todos os dias, mas não em regime de "escravidão". Elas conhecem bem os hábitos da família e dos seus convidados. Sabem que o marido não come camarão, não gosta de ervilha, prefere molho vermelho ao branco, não come carne vermelha nem de porco. Trabalhando com essas informações, elas conseguem fazer um jantarzinho maravilhoso em 20 minutos. Não fazem cardápios, porque trabalham com o que têm à mão. A arte delas é a mistura da criação com o improviso. A essência delas é artística, porque conseguem balancear as cores, combinar os sabores. São como pintoras. Os pincéis delas são os apetrechos da cozinha e o fogão. Ficam em pé como quem encara um cavalete que sustenta a tela. A mesa é a tela onde elas vão compor suas obras e por isso conseguem ter uma visão ampla e ao mesmo tempo minuciosa da comida. Sabem que, ao preparar uma simples salada, estão lidando com texturas, ondulações e linhas retas. Tudo o que elas fazem tem aroma e sabor inconfundíveis. Quando são elogiadas, brincam dizendo que o tempero que usam é o amor, mas, sem saber, estão dizendo a verdade, porque a mulher que cozinha como quem pinta um quadro, como quem dança e interpreta uma música, como quem ama envolvida pelo seu sentir está bem com a sua essência porque a essência da mulher é o amor.

Se você não leva jeito e não tem a menor vontade de aprender a cozinhar, talvez devesse aceitar isso naturalmente, sem se sentir limitada ou diminuída. Não vá criar para si a crença de que é incapaz. Assuma que não quer e viva bem com isso. Agora, se você não cozinha, mas morre de vontade de aprender, não tem que ficar se fazendo de coitadinha. Tem mais é que arregaçar as mangas, procurar um curso ou simplesmente pedir ajuda às pessoas mais próximas que sejam bem-sucedidas nessa seara.

O que você não pode é se julgar, se cobrar e se martirizar porque não consegue ser uma *expert* nessa ou em qualquer outra área: um dos segredos para se sentir inteira é ter uma consciência precisa das partes que a compõem, dos papéis que você desempenha, sem, no entanto, ficar restringida a eles. Lembre-se: você é, e sempre poderá ser, muito mais do que a soma das suas partes atuais.

Máscara de general

Joana não conseguia se livrar do desconforto que sentiu na reunião da qual acabara de sair. O chefe do escritório de advocacia em que trabalha resolveu colocar os advogados com anos de casa lado a lado com trainees *recém-contratados para tentar encontrar uma solução jurídica para o caso de um cliente que está com sérios problemas por sonegação fiscal. Joana é especialista em direito tributário, mas foi totalmente ofuscada na reunião pela presença de uma das* trainees, *uma jovem excepcionalmente bonita, elegante, bem-tratada, que podia fazer qualquer coisa na vida, mas foi cismar de fazer direito e trabalhar justamente no escritório em que ela trabalhava. Joana se sentia inexplicavelmente diminuída na frente da garota, apesar de ser uma profissional de alto gabarito. Quando estava só entre homens, era uma das mais brilhantes e admiradas da equipe. Ela se identificava com eles até no jeito de falar e de se vestir.*

COORDENADAS PARA SEGUIR ADIANTE:
ALGUNS PONTOS DOLORIDOS DA ALMA FEMININA

Cabelos curtos, nenhuma maquiagem ou acessórios, sempre de terninhos retos de tons discretos. Falavam invariavelmente de direito e futebol durante o almoço e nos intervalos para o café. Joana adora futebol. Mas, agora que a garota loira passara a disputar seu espaço, tudo estava mudado. Os colegas disputavam para ver quem almoçaria com a garota, e Joana acabava ficando de escanteio. Pensava nisso, enquanto caminhava até o restaurante. Era hora do almoço e ela nem esperou que o temporal que desabara sobre a cidade passasse totalmente. Talvez a chuva a ajudasse a esfriar a cabeça. Suas faces queimavam. Devia estar tão vermelha quanto o tailleur que a garota estava vestindo naquele dia. "Não podia ter escolhido uma cor mais discreta? Afinal, era uma advogada!" Joana estava tão mobilizada pela raiva que nem se deu conta de que havia parado na calçada justamente num trecho alagado. Só voltou a si quando sentiu o jato de água suja molhando-a dos pés à cabeça e ouviu o pedido de desculpa do motoqueiro que tentara, sem sucesso, evitar o acidente: "Pô, cara, desculpa aí, meu irmão. Molhei você todo, foi mal, mas o sinal tava aberto pra mim". "Cara", "irmão"? Mas ela não era homem. Joana era uma mulher. Por que o motoqueiro a confundiu com um homem? Será que não era mulher?

É muito comum que as mulheres confundam o que é ser mulher, porque se baseiam no que são externamente e se esquecem do que são internamente.

Há mulheres que são tomadas por intensa ansiedade quando estão expostas ao lado de outra mulher e se dão conta, por exemplo, de que são mais baixas que a outra. A mulher de baixa estatura se sente emocionalmente diminuída, porque a outra é vistosa, mais visível. Essa mulher baixinha sente: "Eu não sou mulher". Não importa que ela seja mais rica, mais inteligente, esteja mais bem-vestida, penteada e maquiada. Ser mais baixa ganha a conotação de ser menos mulher.

Uma sensação semelhante atordoa a mulher que se vê diante de outra mulher muito bonita. Aquela que é linda, escultural e estonteante não faz idéia do quanto a sua beleza pode ser agressiva para a mulher que não seja tão bela, por mais dinheiro, sucesso e cultura que esta tenha. Do ponto de vista da menos bonita, a mais bonita ganha o *status* de mais mulher.

Essa mesma percepção pode valer para o tamanho do busto, a circunferência da cintura ou o comprimento dos cabelos, ou seja, para uma série de atributos externos que podem até mesmo atrapalhar relacionamentos que em princípio independem deles.

O que passa pela cabeça da mulher é que inteligência é algo que ninguém vai enxergar. Inteligência não chama a atenção de longe. Virou lugar-comum a piadinha cruel de que quem gosta de beleza interior são os decoradores, ou a célebre frase do grande poeta Vinícius de Morais que dizia: "As feias que me perdoem, mas beleza é fundamental".

Quando mexem em certos pontos frágeis ou vulneráveis, como o cabelo ou os seios, por exemplo, algumas mulheres podem passar por transformações consideráveis do ponto de vista da sua segurança e de suas atitudes. Mulheres que têm pouco cabelo ou seios pequenos tendem a se sentir menos mulher. Algumas mudam completamente o comportamento quando fazem um daqueles alongamentos nos cabelos ou implantam prótese de silicone nos seios. Mesmo sendo artificiais, estes mudam o comportamento da mulher do ponto de vista psicológico, liberando e ampliando suas potencialidades em outros aspectos.

Mas é um ledo engano achar que beleza, estatura, cabelos longos, salto alto, batom e saia que marca o corpo trazem a segurança de ser mulher. Trazem a segurança de ser vistosa. Mas essa mulher da roupa, do batom, da sandália, essa mulher exuberante também pode ser a que se sente inferiorizada perante a inteligência da outra, perante a maturidade emocional da outra etc.

É muito comum encontrarmos mulheres belíssimas, atraentes para os homens e invejadas pelas outras mulheres que se apresentam dessa forma "esteticamente ideal" (segundo o que a moda dita). Elas podem ter potencial de ganhar muito dinheiro e gerar um grande patrimônio, mas, no entanto, são amedrontadas e inseguras, emocionalmente imaturas, têm muita dificuldade de integrar, do ponto de vista de sua alma, o que elas aparentam ser com o que elas de fato são.

Elas até conseguem executar suas atividades profissionais com resultados extraordinários, mas interiormente se atrapalham muito com o que sentem. São mulheres que vivem num estado de ambivalência tal que têm muita dificuldade de se reconhecer na essência.

Sabem se arrumar com esmero e trabalham muito bem, mas vivem desajustadas no campo da amorosidade, às vezes envolvidas em relações desastrosas, visivelmente fadadas ao fracasso para um observador. E quem está de fora se pergunta: "Como é que pode, uma mulher dessas, linda, rica, inteligente, ser ingênua a ponto de se envolver numa relação desse tipo?". E então ela é julgada ferozmente por essa sua fraqueza, pelos desencontros dos seus casos. As pessoas se esquecem de que o núcleo da mulher é o amor, e este revela o que ela é externamente, mas, às vezes, é insuficiente para mantê-la de pé, com todas as funções positivas e integradas, o que pode provocar grandes confusões. Na sua essência, ela é igual a toda mulher, que quer ser respeitada, ouvida, bem tratada e considerada.

Ser mulher não tem a ver com ser mais alta, mais bonita, mais magra. Ser mulher tem a ver com a essência feminina. A advogada, personagem da história apresentada aqui, não se sente suficientemente mulher e acha que é por causa da *trainee*, que é mais jovem, mais bonita, mais sensual. Mas não é este o ponto central do seu conflito como mulher. O que a *trainee* talvez represente para a experiente profissional é a figura da princesa que ela, mulher guerreira, que não desenvolveu esse lado, não se permite expressar: usar vestido e calçar sapatinhos de cristal. Está distanciada por força das demandas que teve de atender na vida.

A *trainee* consegue se manter como princesa, porque ainda é virgem dos ataques dos monstros. Está entrando agora na vida profissional e, por mais que já tenha levado uns foras, ainda não associou profissão com batalha. Ela ainda pode cuidar do cabelo, porque não tem as demandas de mulher com família nem da mulher que assina os projetos. Os cabelos longos, a pele tratada e as unhas feitas denunciam que ela ainda foi preservada de muita coisa na vida, como se estivesse na redoma de vidro em que as princesas dormem.

Isso não significa que a *trainee* está fadada a se transformar em uma guerreira dura e implacável, que se veste e se comporta como os homens, porque acha que assim estará mais protegida dos seus ataques.

Guerrear *versus* conciliar

Há mulheres que conseguem lidar com mais desenvoltura com essas situações e preservam sua feminilidade apesar dos perigos da floresta. Elas se mantêm protegidas, não mais pelas muralhas do castelo, mas pela estrutura sólida que as preparou para um mundo competitivo. Sabem lidar melhor com a frustração, se defendem bem das agressões, falam "não" sem preconceitos (nem culpa) e não precisam ter agressividade reativa aos ataques que sofrem. Elas não vêm ao mundo para guerrear, elas vêm ao mundo para conciliar, o que está de acordo com a essência feminina.

Essa essência tem de ser a estrutura básica do papel que a mulher desempenha. Quando o papel é feito com base em uma maquiagem grosseira, ele não convence. É como um quadro que não passa de uma reprodução malfeita. Num primeiro momento, a gente pode achar que se trata de uma obra-prima, principalmente se ele estiver bem emoldurado e exposto numa galeria importante que o valorize. Mas, à medida que a gente se aproxima, vai percebendo que não passa de uma reprodução artificial. Daí a sensação que muitas mulheres relatam de se sentirem uma farsa.

Se o "ser mulher" não estiver fortalecido, a interface com o mundo também fica enfraquecida. E esse fortalecimento só se dá por meio do autoconhecimento. As mulheres são como aquelas bonequinhas russas que se encaixam umas dentro das outras. É uma pessoa dentro de outra pessoa, que está dentro de outra pessoa... Você, que é mulher, sabe de si melhor que ninguém.

Para viver em harmonia consigo mesma, é preciso que você seja capaz de fazer com que todas essas mulheres que a integram caminhem juntas, sem se reprimir ou se agredir.

Mais que isso, é preciso entender que você, mulher, tem uma capacidade extraordinária de ser a mulher que deseja ser. E lembre-se: se às vezes for necessário ser firme ou dura, você pode ser, mas nem por isso precisa perder a ternura.

Capa de dondoca

Ana Lúcia pensa no dia cheio que terá pela frente enquanto faz sua caminhada diária. Acabou de deixar as crianças na escola, mas só poderá caminhar por 45 minutos hoje. Esta noite oferecerá um jantarzinho íntimo para os convidados do marido, clientes em potencial. Precisa passar na floricultura e no shopping antes do almoço. À tarde, tem massagem e cabeleireiro. Faz uma semana que está se preparando e preparando a casa para esse jantar. Enquanto caminha, vai repassando a agenda: já encomendou os remédios do pai à farmácia de manipulação e comprou as frutas, uma parte das quais manda para ele toda semana, já que a mãe dela não consegue mais fazer feira. Os presentes dos aniversariantes do mês estão todos comprados, e faltam apenas alguns detalhes para acertar da festinha de 6 anos da filha menor. Devia estar feliz. Tem um marido ótimo, filhos inteligentes e saudáveis, uma linda casa que decora e redecora a seu bel-prazer. Viaja muito, quase todos os feriados, porque tanto seus pais quanto seus sogros têm casa fora da cidade. Pode comprar todos os mimos que lhe "der na telha". Mas de vez em quando tem a estranha sensação de que não tem vida. Parece que está sempre vivendo a vida dos outros. Olhando os outros, cuidando dos outros, pensando no que os outros vão pensar dela. Tudo bem que esses outros são os filhos, o marido, os pais, as irmãs, as amigas. Mas são os outros. E ela, quem é ela? Quem pensa nela? Quem realiza os seus desejos? Quais são mesmo os seus desejos como mulher?

Outra armadilha em que as mulheres caem com certa freqüência é confundir o papel com a essência. Baseadas nesse equívoco, se auto-rotulam e rotulam as mulheres com as quais convivem sem levar em conta o que elas são como mulher.

O que elas não percebem é que rótulos não passam de capas. Abrigos sob os quais as mulheres se escondem para se sentir mais aconchegadas. São configurações de aspectos isolados, tomados de empréstimo, na maioria das vezes de umas para as outras.

Algumas mulheres são estigmatizadas como "dondocas", porque em geral assim são vistas pelas outras mulheres. Aquelas que rotulam quase sempre são muito ocupadas, e geralmente andam afastadas de seus atributos femininos. Por trabalhar muito, não conseguem se cuidar, por exemplo. E então julgam que a outra, porque tem tempo para se cuidar, "não faz nada", "é fútil" ou coisa que o valha.

Quando uma mulher rotula a outra, não está levando em conta o que a outra é no seu íntimo, o que ela sente, por exemplo, mas apenas o que ela parece ser.

Quem olha só na superfície não enxerga que as mulheres rotuladas de "dondocas" também enfrentam verdadeiras maratonas para conseguir dar conta de todas as atribuições que acumulam.

As casadas levam e buscam os filhos na escola, na natação, no inglês, no futebol. São responsáveis por todas as compras da casa. Acompanham de perto a vida social e escolar das crianças, mantêm a casa sempre com flores frescas e decoração atualizada para receber os amigos do marido e ainda têm de arranjar tempo para o cabeleireiro, para a malhação e para o almoço semanal com as amigas, porque são cobradas por isso.

Muitas vezes, vivem à sombra do marido, dependendo financeira e afetivamente deles. São uma versão atualizada da mulher antiga, algumas até com suporte de motoristas, babás, empregadas e muito estímulo para atender, suprir e consumir.

As solteiras do time são identificadas entre aquelas que freqüentam academias de ginástica da moda, desfilam em carros de luxo, fazem ou fizeram dois ou mais cursos simultaneamente, escolhidos com base no prazer e na satisfação que eles possam lhes dar, e não na necessidade de prepará-las para o mercado de trabalho.

Têm tempo e dinheiro para experimentar o que quiserem e desistir do que começaram se não estiverem satisfeitas, na maioria das vezes apoiando-se na base financeira que a família lhe proporciona. No fim do dia, estão sempre cheirosas, maquiadas e arrumadas, prontas para se divertir nas baladas ou para encontrar o namorado da vez.

Olhadas de fora e por fora, essas mulheres são capazes de despertar a inveja daquelas que não podem se dar ao luxo de ter uma existência tão leve e descompromissada. Mas interiormente têm, às vezes, conflitos tão complexos e paralisantes quanto qualquer outra mulher.

Você tem vida própria?

Para quem está de fora, alguém como a nossa personagem pode ser rotulada como "dondoca" e, apesar disso, se sentir uma "Amélia". Não aquela que passava fome ao lado do marido "e achava bonito não ter o que comer", mas uma "Amélia" com cartão de crédito ilimitado, que, no entanto, vive em função do outro e mal sabe o que ela quer para si mesma.

Quantas mulheres você não conhece – com dinheiro ou sem dinheiro – que vivem à sombra do marido e dos filhos sem nem saber ao certo do que elas gostam? Ou que não enxergam outra razão de viver que não seja a de atender ao que esperam delas sem se perguntar se podem ou não ter um projeto pessoal?

Pode ser que você mesma se sinta assim de vez em quando, com a impressão de que não tem vida própria. Se isso acontece com freqüência, talvez seja um alerta para rever esse papel: perguntar para a mulher sob essa capa se ela realmente está feliz nessa "função".

Há mulheres que se sentem muito felizes e gratificadas em cuidar dos outros. Se este é o seu caso, continue a luta e não se preocupe com a estreiteza de visão de quem é incapaz de enxergar a grandeza dos seus gestos. Vivencie essas ações, não apenas como quem passa o dia a riscar tarefas da agenda. Para cada pessoa que lhe cerca, cada compra que você precise fazer, faça com amor e boa vontade, como se estivesse – porque você também está – cuidando da própria vida.

Mas, se você se sente diminuída, infeliz e sufocada, saia da sombra! Procure um papel em que possa brilhar de verdade. Traga para a superfície a luz que há em você e que está aí soterrada por um monte de entulho que lhe foram despejando em cima. Transforme o que está à sua volta, recicle seus interesses, suas amizades e seus projetos. Encontre uma nova arte, crie uma obra que mostre muito mais de você, algo tão grandioso quanto o seu interior.

Mães em tempo integral

Tânia esconde as unhas enquanto conversa com as amigas, a maioria delas mães dos amiguinhos de escola do filho. É sábado, ela deveria ter feito as unhas, mas está cada dia menos motivada para cuidar de si mesma. Sente uma espécie de vergonha, porque as outras mulheres estão tão bem cuidadas, os cabelos escovados, bem cortados e com uma pele que certamente tem sido muito bem tratada. A mais bem-sucedida profissionalmente comenta sobre a lipoaspiração que fez, exibindo os contornos enxutos pagos com os dividendos da última promoção que recebeu. Há quanto tempo não hidrata o cabelo? Nem se lembra mais. Os cuidados com o corpo foram ficando para segundo plano desde que nasceram os filhos e ela teve que parar de trabalhar, porque o que ganhava não era suficiente para pagar babá e empregada. A solução foi assumir sozinha a tarefa de cuidar da família, uma rotina pesada que a deixa invariavelmente exausta. Nunca mais teve chance de se dar banho... Porque Tânia sempre viu uma grande diferença entre tomar banho e se dar banho... Tomar banho para ela era entrar rapidamente embaixo do chuveiro antes de um compromisso ou na hora de dormir. Se dar banho era diferente... Era dar a si mesma um momento de intimidade. Esse era um momento único e especial. Sempre gostou de se banhar ouvindo jazz, gênero musical que tanto aprecia. Também não tem ouvido música há bastante tempo. Por que mesmo? Porque roubaram o rádio do carro e não teve tempo nem dinheiro para substituir...

Tantas outras prioridades surgiram depois do nascimento dos filhos. Em casa, nunca tem tempo. Antes tudo era tão diferente... Banhava-se ouvindo música, de vez em quando comprava umas essências: jasmim, canela, lavanda. Acendia uma vela, passava creme esfoliante no corpo e se deliciava com aquele ritual. Mas isso foi antes. Antes dos filhos, quando não era mãe em tempo integral, quando tinha tempo só para ela, quando era mais feminina, quando era mais mulher... Será que ainda é mulher?

Quando solicitadas a dizer o que são, as mulheres, em sua maioria, se definem pelo que fazem: "Eu sou dona-de-casa", "Eu sou funcionária pública", "Eu sou enfermeira", "eu sou advogada", "eu sou comerciante" e assim por diante.

Não importa se você é fisioterapeuta, balconista, fiscal do imposto de renda, professora, vendedora, corretora de imóveis; o que precisa ter em mente é que, independentemente do papel, da função, da profissão, da idade, do aspecto físico, você é mulher. Uma mulher única e irreproduzível.

Desde muito cedo, nos primeiros momentos de socialização, a educação voltada para o mundo feminino é muito clara quanto à geração de filhos. Quando uma menina chega ao mundo, há todo um esforço coletivo, consciente e inconsciente, para estimular nela o desenvolvimento de atributos que lá na frente, quando for adulta, ganharão a sua função máxima na maternidade. Daí o profundo constrangimento que aquelas que não quiseram, ou não puderam ser mães, são obrigadas a suportar. Elas acabam imaginando que ser mãe é igual a ser mulher e, se ela não é mãe, logo, não é mulher.

As "mães em tempo integral", por sua vez, carregam o peso de que a família dá certo se a mulher der certo como mãe. O grande pavor da jovem que se casa é não conseguir dar conta da família, não no sentido de prover, mas no sentido de dar conta emocionalmente da família. Isso inclui a necessidade de instrumentar vários elementos relacionados a valores de vida, noção de família, decisões éticas e morais, além de, sobretudo, ter muito claro como educar filhos nos dias de hoje.

Nos primeiros meses de vida dos filhos, ela se sente excluída do clube de mulheres sensuais, porque tem a impressão de que todo o seu corpo exala cheiro de leite, de papinha e de xixi. Quando os filhos crescem um pouco mais, elas continuam se sentindo pouco atraentes, porque estão sempre correndo de um lado para o outro para dar conta de suas atividades e quase não encontram tempo para cuidar de si próprias.

No fim da noite, quando finalmente se vêem a sós consigo mesmas ou com o marido, estão tão exaustas que não encontram mais disposição para deixar o papel de mãe e assumir o papel de esposa-amante. O resultado é que acabam se distanciando do parceiro e, como vinculam a sensualidade e a sexualidade ao ser mulher, também começam a desconfiar que deixaram de ser mulher. Afinal, o dia foi embora e elas não conseguiram se dedicar minimamente a si mesmas nem tiveram tempo suficiente para parar, refletir e se examinar, o que poderia ajudá-las a reencontrar um caminho e uma justificativa para se cuidar.

Em geral, a mulher sobrecarregada, que não consegue administrar emocionalmente as atribuições familiares e sociais, aceita vestir um único uniforme, porque é melhor do que olhar a sua vida e ver que ela carece de sentido. Adota esse crachá para poder transitar de um ambiente ao outro sem ser importunada pelos investigadores de plantão que teimam em medir seu desempenho em esferas nas quais ela não se desenvolveu plenamente.

Essa é talvez uma das maiores fontes de sofrimento para as mulheres. Elas se auto-avaliam, se testam, se cobram, se criticam e se sentem em falta, porque não tiveram a mesma nota em todas as matérias que compõem esse curso intensivo que, no fim, lhe daria o diploma de mulher.

Nem sempre a nota é 10

Se você de vez em quando tem a impressão de que só se desenvolveu em um aspecto de sua vida e foi aos poucos atrofiando seu potencial em outros, não tem que se julgar tão ferozmente por isso. Não é porque não se saiu bem em duas ou três matérias que deve se auto-reprovar. Afinal, provavelmente, em algumas dessas "disciplinas", você tirou dez com louvor. Talvez seja uma mãe nota 10 ou uma profissional nota 10 ou uma namorada nota 10 e tem que aprender a valorizar esse desempenho. É nessa especialidade que você está dando seu melhor a si mesma e ao mundo. Isso é o que importa.

Agora, se o que você precisa é de mais equilíbrio entre a vida afetiva, profissional e familiar, pode começar a buscar esse equilíbrio conscientizando-se de que a vida é um processo dinâmico, feito de fases que se sucedem umas às outras e, não raramente, se repetem de tempos em tempos.

Pode ser que você esteja agora totalmente absorvida pela maternidade. Se assim for, não desperdice suas forças pensando demais e se culpando pelo que não pode realizar fora dessa área. Ao contrário, curta esse momento, porque, acredite, ele passará muito mais rápido do que imagina, e logo você poderá retomar seus outros projetos e sonhos, provavelmente muito mais plena e realizada do que antes.

Ser "mãe em tempo integral" pode ser apenas uma contingência do momento, um breve espaço de tempo na sua vida. Os filhos crescem, os desafios profissionais mudam, a maturidade emocional e intelectual altera a perspectiva que temos da vida. Há grande probabilidade de você estar se preparando para futuramente ser uma mulher melhor.

Se a angústia bater, procure se lembrar de que mãe é apenas um dos seus papéis. Pois a única coisa que você é, e sempre será, em tempo integral, é MULHER.

Workaholics angustiadas

Paula *está cada dia mais angustiada. Sua empregada doméstica desenvolveu um quadro de tendinite que se agrava dia após dia e que não cede diante dos vários tratamentos que os médicos já tentaram. Só de pensar na possibilidade de perder seu braço direito na organização da casa e nos cuidados com o filho, ela sente um aperto no peito. A empregada virou uma espécie de substituta* *permanente de Paula, realizando todas as tarefas de que ela, médica e professora numa faculdade de medicina, é incapaz de dar conta. O filho fica a maior parte do tempo a cargo da moça, inclusive durante as semanas em que Paula está ausente por causa da participação em congressos internacionais. Como mãe, sente o tempo todo em dívida com o menino, mas não tem forças para alterar sua rotina. Referência entre seus pares da área médica, tem um dos maiores números de publicações científicas no exterior e recebe um salário muito alto no cargo que acumula num famoso laboratório de análises clínicas. Agora, foi homenageada e escolhida para fazer parte de um livro das grandes mulheres pesquisadoras brasileiras. São vários os convites para participar de equipes em outros centros de pesquisa e poder desenvolver mais os seus temas. Faz um esforço imenso para participar das reuniões escolares do filho. Mas quase nunca consegue chegar na hora e é comum não ficar até o fim, porque o celular não pára de tocar. Nessas ocasiões, se sente imensamente deslocada entre as outras mães, que parecem olhá-la com ar de reprovação. Em momentos assim, imagina o que as outras diriam se soubessem que o filho está cada vez mais distanciado dela e tem chamado a empregada de mãe. Quando o ex-marido passa dias com o filho, sente até remorso por ter mais tempo para os seus compromissos profissionais. É nessas ocasiões também que consegue escapar para um* drink *com uma amiga ou se pôr em dia com os filmes que tanto gosta de acompanhar. No mais, sua grande satisfação é que está conseguindo pagar todas as suas despesas, quase não depende da pensão do pai de seu filho, que, como professor universitário, não teria condições de arcar com todas as despesas que tem para dar uma formação mais ampla ao menino. Mas será que é uma maldição ter uma rotina de trabalho tão sufocante? Será que é menos mãe ou menos mulher por isso?*

Quando uma mulher se dedica de corpo e alma ao trabalho e coloca suas atribuições profissionais no centro das preocupações, rapidamente recebe o rótulo de *workaholic*. Não é difícil observar alguns traços comuns entre mulheres que assumem para si esse papel.

COORDENADAS PARA SEGUIR ADIANTE:
ALGUNS PONTOS DOLORIDOS DA ALMA FEMININA

Se são casadas, a maioria manda os filhos para a escola com perua contratada ou com o motorista, matricula os pimpolhos na natação, no inglês, no futebol a fim de ter mais tempo para trabalhar e raramente podem participar de uma única reunião, assistir a uma apresentação escolar deles ou ir às consultas ao pediatra.

Quando estão entre as outras mães, são como peixe fora d'água jogado na areia da praia pelas baleias e sereias que ocupam todo o ambiente escolar e extracurricular dos filhos. Essas outras mulheres que acompanham de perto a educação dos filhos sabem de cor e salteado as últimas atividades que as crianças desenvolveram, e ela, a dita *workaholic*, não consegue se lembrar com precisão nem do nome dos coleguinhas ou dos pais dos amigos do filho.

Os poucos momentos de prazer das *workaholics* estão quase sempre vinculados à vida profissional. Só vão ao *shopping* quando precisam comprar as próprias roupas e acessórios para manter a imagem de mulher bem-sucedida, delegam outras compras mais cotidianas aos empregados, não têm tempo de ver a agenda dos filhos e fazem vistas grossas para o serviço de casa que não está bem-feito, porque são reféns das empregadas de quem tanto dependem.

Elas freqüentam cabeleireiro por obrigação, muitas vezes na mesma velocidade que o mercado profissional lhes impõe, enquanto falam ao celular ou trabalham no computador portátil, fazem massagem para aliviar o estresse e malham para não morrer de infarto. Preferem as lojas em que podem comprar tudo de uma vez: roupas para elas, o marido, os filhos, presentes e utensílios domésticos. Almoçam com clientes e colegas de trabalho. Podem ter um marido que dependa delas ou que seja inferior profissionalmente. O objetivo dessas mulheres é crescer, vencer, ganhar.

A versão sem marido e filhos das *workaholics* enche a agenda de compromissos para depois do trabalho. Como as opções são muitas vezes em atividades que têm algum cunho social ou cultural, aproveitam esses momentos para se colocar a par de outros temas pelos quais se interessam. Afinal, para freqüentar peças de teatro ou *shows* por conta própria, teriam que acompanhar as notícias culturais dos veículos de comunicação, mas não lhes sobra espaço na agenda para isso.

Podem também combinar o MBA com o curso de línguas, que lhes servirá como passaporte para possíveis promoções ou viagens ao exterior por motivo de trabalho. Estão disponíveis para todas as reuniões estratégicas fora de hora, o que as transforma em inimigas das mulheres casadas do time, cuja disponibilidade é menor, porque têm que se dividir entre casa, marido, filhos e trabalho. Estas, as casadas, estão sempre na corda bamba, tentando agradar o pessoal de casa com "surpresinhas agradáveis", antes ou depois de uma "pisada na bola", ou para atenuar a notícia de que terão que fazer uma "viagenzinha rápida", bem no dia em que tinham combinado outro compromisso familiar.

Não é incomum que ocorram problemas ginecológicos. A menstruação fica tão inconstante quanto os cuidados que têm com o guarda-roupa: ora uma compra exagerada, ora se vê usando todos os recursos para esconder rasgos, furos e desfiados das roupas que precisam repor há tempos. Os hormônios reclamam, não permitem uma vida sexual satisfatória, libido e fertilidade são freqüentemente comprometidas, assim como as reclamações dos outros órgãos, como pele, intestinos etc. Nenhum deles está muito contente com o ritmo de vida que ela leva.

Mas, voltando às que ainda estão solteiras, estas podem às vezes ser taxadas de assexuadas ou carregarem o estigma de não ter opção sexual definida. Ai daquelas que tiverem uma amiga constante para jantar fora ou ir ao cinema, ou que vivam entre uma turma fixa de mulheres que se reúnem com freqüência. Os comentários dos que estão por perto, incomodados com essa liberdade, são sempre irônicos.

Mas não é muito difícil imaginar o que ocorre com as mulheres *workaholics* quanto à sua vida amorosa. Em geral, procuram relacionamentos que não consumam muito do seu tempo. Ou, então, namoram alguém que tenha um ritmo de vida muito parecido, alguém que não faça questão de estar diariamente com elas. Por isso, é até comum serem amantes de um homem casado, que também não lhes exigirá muito mais dedicação do que encontros esporádicos. Até brincam com o nome desse tipo de amigo, uma presença constante em suas vidas, mas com finalidade específica de manter uma vida sexual. São acompanhantes *light*, que têm proximidade suficiente para conhecê-las, assim como seus hábitos e atividades, mas sem nenhuma presença regular. Podem chamá-los de amigos de cama ou qualquer denominação que indique a ausência de compromisso, mas com proximidade física total.

Outra possibilidade é iniciar relacionamentos que pouco tempo depois esfriam. Até se empolgam inicialmente, mas logo se desinteressam, muitas vezes antes mesmo de se conscientizar de que o investimento afetivo que fizeram foi insuficiente para criar um vínculo mais estreito. Rompem achando que eram incompatíveis, mas sem perceber que nem puderam testar a compatibilidade a fundo. Já assumem que não será dessa vez e pronto. Voltam à batida de muito trabalho e até sentem um certo alívio de poder recuperar a organização que tinham antes de o namoro acontecer.

Se você trabalha muito, mas freqüentemente tem a sensação de que seu dia rende bastante e termina com uma agradável sensação de ser capaz, satisfeita com tudo o que produziu, provavelmente não corre o risco de perder o freio e dar uma trombada feia num estresse enfraquecedor. Pelo contrário, está se encaminhando em direção ao sucesso, à realização das suas metas.

Pode ser que, nesse momento da sua vida, a carreira precise mesmo estar em primeiro plano. Se assim for, não se culpe por não conseguir dar o mesmo foco na sua vida familiar ou amorosa. Há momentos em que, para se firmar, ao vislumbrar uma estabilidade na carreira e, por conseqüência, um crescimento financeiro e profissional decisivo, muita coisa precisa ser deixada de lado. A vida não espera você se organizar. Às vezes, tudo acontece ao mesmo tempo. Nesses momentos, o importante é conseguir se equilibrar para não cair.

Mas, se você sente justamente o contrário do que descrevi há pouco, e o tema central da sua vida tem sido como conseguir mais tempo para trabalhar mais, sem olhar para o resto do que está acontecendo à sua volta, é bom ficar atenta, porque você pode achar que caminha para o sucesso e estar prestes a cair num grande abismo.

Talvez seja o caso de parar e se perguntar: será que o meu trabalho não está consumindo mais energia do que deveria? Ele pode estar ocupando o espaço em que você encontraria uma parte essencial do seu ser, limitando o contato com a riqueza do relacionamento social, com a diversidade e o desafio que isso implica. É daí que vem a nossa ampliação como ser humano.

Trabalho: o melhor esconderijo

Lembre-se: é comum utilizarmos subterfúgios para ocultar nossos conflitos maiores e mais importantes, não expondo nossas grandes frustrações ou nossos medos. Será que seu trabalho não está se transformando numa imensa floresta escura para esconder certos cantinhos emocionais da sua vida?

Se você se identifica com alguma dessas descrições ou conhece alguém que se encaixa perfeitamente num desses papéis, não se precipite. É bom lembrar que o que estamos esboçando por enquanto não passa de pontos específicos da alma feminina, que não definem o que a pessoa é como um todo. Procurei me ater àqueles que aparecem mais freqüentemente associados às queixas das mulheres, sobretudo daquelas que acompanho como psicoterapeuta. Claro que, juntando os pedaços, vai se formando uma imagem, uma espécie de cartografia. Mas, antes de tirar conclusões precipitadas, dizendo "Eu sou assim" ou "Fulana é assado", o fundamental é entender esses aspectos particulares como balizas que ajudam a demarcar limites, mas não definem a área como um todo.

O que fizemos até aqui foi descrever pedaços de uma mulher ou exacerbamos aspectos de certo tipo dela para que possamos ajudá-la a identificar as suas partes específicas, seus territórios, as regiões montanhosas e as áreas de planície. Com isso, você também poderá saber os locais onde caminhar pode se tornar mais árduo, ou necessitar de um preparo físico melhor ou de um calçado mais resistente para não interferir na sua *performance*. Também do ponto de vista emocional, o equilíbrio, a postura, o balanço, o jogo de corpo interferem na maneira de ultrapassar barreiras, montes, terrenos baldios. Ou seja: conhecer melhor aquilo que está em maior ou em menor relevo na sua configuração feminina dará oportunidades para você conquistar novas terras, novos campos, até onde cantam sabiás e bem-te-vis e voam beija-flores. A idéia é de que no fim, você, mulher, talvez possa dizer: "Agora sei dos meus pedaços. Estou um pouco mais inteira. Estou mais a par de mim, enfim, sou mais mulher!".

Mas, para que essa configuração fique mais clara, não basta fazer um vôo baixo e olhar de fora como fizemos, porque tudo o que lhe foi mostrado neste capítulo está na superfície da alma feminina.

Minha proposta agora é de que a gente se volte para dentro da alma feminina. Talvez agora, depois do tanto que já caminhamos juntos, seu condicionamento já seja suficiente para alguns mergulhos que lhe permitirão encontrar recantos não tão visíveis. Ao escolher os caminhos que vamos percorrer, já estamos nos dispondo a descobrir mais do que os nossos olhos facilmente alcançam. Ninguém consegue conhecer os arredores sem sair do lugar. Ninguém desvenda novos recantos se não se dispõe a viajar além do próprio mundo em que vive.

Algumas coordenadas já foram dadas. Agora é começarmos a percorrer mais fundo esse mapa.

6

A rematrização do feminino: superando o modelo da mãe

Matriz: lugar onde algo se gera ou se cria.

Numa das sessões do trabalho terapêutico que desenvolvo com as mulheres no meu consultório no Iden (Centro de Estudos da Identidade do Homem e da Mulher) e que também aplico no Gender Group® (Grupo de Gênero) do Serviço de Psicoterapia do Instituto de Psiquiatria do Hospital das Clínicas da Faculdade de Medicina da Universidade de São Paulo, as mulheres fazem um tipo de regressão até a primeira infância e são estimuladas a observar e relatar como estão no relacionamento com suas mães. O objetivo desse procedimento psicológico de resgate das lembranças é mostrar como se instala precocemente o modelo feminino na sua personalidade, e, se necessário, mudar essa matriz, rematrizá-la.

Recordando o laço afetivo

É indiscutível que a mãe, ou sua substituta, é o primeiro e mais forte laço afetivo da mulher. O trânsito de emoções de uma para a outra se prolonga para muito além da saída do útero, do corte do cordão umbilical e da suspensão da amamentação. Mesmo que não saiba disso conscientemente, cada mulher carrega dentro de si fortes traços dessa figura da menina que era quando em contato com a mãe.

O retorno à infância coloca a mulher em contato com o tempo em que ela era o que queria e podia ser, quando não vivia em função das cobranças que agora se faz como adulta. Porque a menina que foi mostrava o que sentia, traçava seus planos e suas estratégias de acordo com os parâmetros do que conseguia alcançar com base na sua idade e na sua altura e do quanto era capaz de apreender na época.

É claro que aquela menina também tinha frustrações e medos: do irmão que a amedrontava, da coleguinha que a humilhava, ou do menino que gozava dela na escola. Mas ela podia expressar com mais liberdade a raiva, a vergonha, o medo e a alegria de uma forma que a mulher adulta tem muita dificuldade de expressar, mesmo durante um atendimento psicoterápico.

Por isso, ao ser conduzida pelo terapeuta ao encontro, em nível emocional, com a "menina que ela foi", a mulher fica livre para expressar o que sente.

Então, nessa sessão de terapia, proponho que a mulher faça uma viagem até a infância, que procure se livrar por alguns instantes das preocupações que carrega e dos ruídos do mundo externo. Quando peço para que deixe suas preocupações fora dali, quero fazer com que ela deixe para fora tudo o que vem vivendo nos dias atuais, como mulher adulta, isto é, sua vida real presente. É como fazer um mergulho em mares profundos, antigos, do seu passado, por meio da minha fala, com a cadência da minha voz, acompanhando o que ela visualiza no seu pensamento, voltando no tempo devagarzinho até o momento em que começou a ser construída sua identidade de mulher.

Para isso, peço que relembre alguns anos que ficaram para trás, e vamos trazendo à superfície essas imagens que estavam lá no fundo, desde a primeira infância até o início da puberdade, a época da primeira menstruação.

É por esse caminho que a dirijo para o resgate na memória de uma cena com seu primeiro brinquedo. Com os olhos fechados, ela procura um momento em que visualize a si mesma. Durante a condução da mulher até aquela fase da sua vida, é como se eu lhe propusesse abrir um álbum de fotos onde ela se vê em seus primeiros momentos de menina, quase sempre com uma boneca ou a montagem de uma casinha de bonecas. Peço que me descreva o ambiente, seus apetrechos, as cores, os móveis mais importantes, as pessoas presentes na casa naquele momento que ela está visualizando etc. Ao descrever todos esses cenários, ela vai tocando o seu emocional mais profundo.

Nesse lugar do passado, em que a mulher se vê pequena, brincando, eu a faço ampliar o raio de alcance da sua percepção, do seu olhar. Quando ela estabelece a visão espacial de onde se passa sua brincadeira de boneca, peço-lhe para, como menina, ir atrás da imagem que ela tem da mãe naquele momento. Dessa imagem, ela já localiza a postura física da mãe: como ela anda, como se veste, como são seus gestos, seu olhar etc. É importante que nesse exercício de se imaginar uma menina que revê a imagem interna que tem da própria mãe também possa prestar atenção na comunicação não-verbal que lhe era transmitida.

Nesse momento, é como se ela, menininha, pudesse captar as informações que a mãe está lhe dando: "Será que a mamãe está triste? Será que a mamãe está preocupada?"; "Ela está cozinhando contente? Ou esse jeito nervoso dela é resultado da briga que teve com o papai?"; "Ou ela está superaflita, porque tem de preparar meu lanche, me deixar na escola e diz que no trabalho dela estão querendo que ela trabalhe mais e mais e mais?"; "Será que ela está sorrindo só para me deixar mais tranqüila? Por que o olho dela está brilhando como se estivesse chorando?".

É interessante notar que essa matriz da mãe guardada na memória da mulher quase sempre traz consigo conflitos, dores e comportamentos muito semelhantes àqueles com os quais ela própria se vê às voltas no seu momento presente. Indagações sobre o que acontece intimamente com essa mulher poderão ser rememoradas, tentando percorrer lembranças que remetem à infância, tomando como base uma cena que a resgata com seu primeiro brinquedo.

A falta da mãe

Em geral, a mulher se refere a uma mãe que não está tão perto quanto ela (menina) desejaria. Mesmo sendo uma mãe que não trabalha fora, ela está muito mais preocupada com os afazeres do que com os sentimentos da filha. Quase sempre é uma mãe que respeita a estrutura da família e que tem muita consciência da sua função na casa, mas parece distanciada dos seus sentimentos mais essenciais. Ela não está conectada emocionalmente com a filha. Se trabalha fora, muitas vezes tenta não se aproximar no momento em que vai sair de casa, como se não quisesse entrar em contato com seu afastamento da filha. Quando isso acontece, cria-se uma frustração na menina, que sente falta da nutrição afetiva desejada.

Se existem irmãos, a mãe cuida. Se há empregada, ela coordena. É uma mãe supridora das necessidades e tarefas de que a família necessita. Assim como um mapa que a gente tira do canudo e desdobra para que tenhamos a noção clara das relações entre os diversos espaços geográficos, a mãe também se desdobra para abarcar todos os continentes em que sua presença seja necessária.

É constante o relato das pacientes sobre o prazer proporcionado pelo aconchego da mãe, do seu colo e carinho. Esse aconchego está quase sempre associado com a proximidade física, o contato corporal com a mãe, o que remete à sensação de continência afetiva, de apoio e de carinho. As mulheres nem sempre têm essas sensações acessíveis na memória, mas durante o tratamento expressam o desejo de estar nessa posição, o que equivale a serem aceitas totalmente como filhas/meninas/mulheres.

Meu intuito é justamente buscar o que está faltando na estruturação da identidade da minha paciente. O objetivo é identificar quais informações ela (mulher) recebeu quando menina que a estruturaram como mulher adulta. Ou seja, o que a mãe lhe ensinou sobre o que é ser mulher e o que "faltou" ensinar. É interessante notar que essa carência do toque, da pele, do contato físico aparece com freqüência. Ao lado dessa imagem do distanciamento físico, não é incomum, como já dissemos, aparecer também o distanciamento emocional. Ou seja, a mãe pode estar presente no ambiente, mas ausente no contato físico e emocional.

Lacunas no referencial feminino

Nesse trabalho, tenho observado que, em vários momentos, as mulheres adultas se vêem perdidas, sem um referencial afetivo positivo mais preciso em que se possam ancorar. Não é incomum o mito de que ser mulher é sofrer, quando não, ser infeliz. Isso muitas vezes está relacionado justamente a algo que falta nesse modelo primordial que elas tiveram e que podem reencontrar ao captar a imagem da mãe e fazer uma reconstrução do feminino liberto das crenças aprisionadoras.

Por exemplo, é comum haver uma lacuna na formação do referencial mulher–homem. O que se tem sugerido, na maior parte dos processos que acompanhei, é que não cabe no ato da maternidade uma conciliação com os elementos da relação amorosa mulher–homem. Essa constatação está presente em várias nuances: na mãe que é uma megera com o esposo e, por isso, não mostra à filha como ela poderá amar um homem, àquela que corresponde às expectativas de esposa dedicada, conforme manda o figurino, mas não ultrapassa a convenção, sem demonstrar à filha um modelo de mulher mais integrada com seu afeto mais profundo.

A mulher adulta, portanto, sente falta em si mesma do que faltava na sua mãe, da conexão dessa mãe com as questões essenciais femininas, que só vão ficar mais evidentes na fase adulta. A única coisa que essa menina percebe é uma sensação de estar sozinha. Ela queria mais dessa mãe. É muito difícil que aquilo que a mãe oferece seja suficiente para preencher as necessidades dessa menina carente. É como se a nutrição, tanto de afeto quanto de informações sobre a vida, fosse insuficiente para o que ela – como adulta – vai precisar para enfrentar a vida.

Com isso, a mulher acaba passando por provas constantes de sua capacidade de responder ao que se espera dela. A mesma sensação que essa menina teve de que a mãe era insuficiente, ela, mulher adulta, tende a ter em relação a tudo o que se espera dela. Essa mulher adulta também sente que não oferece o suficiente do que esperam dela. Por isso, nessa sessão de terapia, sugiro que minhas pacientes busquem o que sentem e expressem esse sentimento como se pudessem falar com a mãe.

Peço que registrem por escrito seus sentimentos. Sugiro que coloquem isso numa folha de papel como se fossem meninas ainda. Que escrevam uma mensagem a suas mães com a mão oposta àquela que usam normalmente, para que a experiência as aproxime ao máximo da sensação de serem meninas que ainda não dominam bem o lápis e não estão em condições de escrever uma carta.

Para estimular ainda mais essa experiência, coloco uma música que remete ao passado e traz emoções muito profundas e peço a elas que se posicionem como meninas. A música vai envolvendo-as e os sentimentos ficam ainda mais presentes ali.

O resultado é quase sempre algo como: "Mãe, olha pra mim. Me ouve, mãe!"; "Brinca comigo, sorri um pouco, canta, pára de chorar!"; "Vamos brincar, mãe?"; "Que tal se a gente dançasse um pouco? Quem sabe você ficava mais feliz..."; "Não fica triste, o papai gosta de você".

Costumo recomendar a elas que, se por acaso tiverem vontade de chorar, se deixem levar por essa emoção... Se sentirem raiva, que expressem seu descontentamento. Afinal, naquele momento, é como se fossem apenas meninas, pequenas e frágeis, com toda liberdade para mostrar o que sentem...

Sempre digo o quanto sei que é um encontro difícil, que pode ser dolorido, mas sugiro que elas deixem o farol dos seus olhos iluminar essas feridas. Que pensem nesse farol como uma daquelas luzes terapêuticas, que aquecem e que tratam.

Aos poucos, elas vão percebendo que a dor diminui. Diminui até se tornar quase imperceptível. O objetivo não é que sofram, ao contrário! Só que às vezes é necessário desestruturar para recompor. Reconciliar-se com a mãe e com a menina que elas foram vai ajudá-las a reconstruir seus pedaços e reintegrá-los numa só mulher, uma mulher mais forte e harmonizada.

É comum que digam frases como: "Mãe, pára um pouco. Cuida mais de você!"; "Você é tão bonita quando coloca salto alto! Quando eu crescer, quero ser mulher como você!"; "É tão bom quando eu fico no teu colo e você canta pra mim!".

Ou ainda: "Mãe, eu sei que você não está bem, que o papai está maltratando você, que a vida está difícil, que as coisas não têm sido fáceis pra você..."; "Eu queria fazer alguma coisa, queria te ajudar, mãe, mas não sei o que fazer..."; "Eu sou tão pequena! Não consigo nem te falar essas coisas que eu sinto...".

A reconciliação com a mãe

Depois que expressam, tanto quanto podem, as lembranças e o sentimento em relação a essas lembranças, sugiro que voltem aos poucos para a mulher que elas são agora, no momento atual das suas vidas. E então elas caminham no pensamento de volta, passando de novo pelo tempo em que eram pequenininhas, crescendo, transformando-se em meninas grandes, na puberdade, na época da primeira menstruação, há vinte anos, há dez anos, há cinco anos, há um ano, hoje.

À medida que conseguem experimentar as sensações, elas começam a entrar em contato com sua essência, seu núcleo, aquele cantinho que andava tão escurecido e que agora parece banhado de uma luz forte e resplandecente. Retomam seu crescimento e seu desenvolvimento e vão percebendo o que ocorreu com tudo o que trouxeram dessa primeira infância.

Devagar, essas mulheres percebem como estão diferentes: mais firmes, mais integradas ao ambiente que as rodeia, com a sensação de que o mundo é muito mais pleno de sentido do que antes. Ao associar o que receberam como modelo feminino com aquilo de que mais sentem falta, as mulheres fortalecem e podem delinear uma estrutura mais completa da mulher que são ou querem ser.

Essa viagem que descrevi aqui, na qual proponho esse percurso na pesquisa da identificação como mulher, é muito importante do ponto de vista terapêutico, porque o que vai nortear a mulher adulta que está em conflito consigo mesma e com os outros é a menina que ela foi, pois é lá, na infância, que começou a construir seu modelo feminino. É a partir dessa reconfiguração que a mulher poderá se libertar de mitos como os de que o sofrimento é inerente à sua condição de mulher e de que ela deve ter uma aceitação incondicional em relação aos seus infortúnios e à sua sina de mulher infeliz.

Reconciliar-se com a menina que você foi e com a mãe que você teve, portanto, é um dos caminhos para que possa ser nutrida e fortalecida como a mulher que você é. A mãe que está dentro de você pode ser reimpressa, refazendo a percepção que você tem do que recebeu, do que perdeu e do que precisa refazer no seu interior.

Buscar os apegos ao sofrimento, as determinações que a fragilizam e os mandatos de se deixar vitimizar reconstrói o caminho para a conquista do novo e para a ampliação da capacidade de amar a si própria. Cria o campo para um processo de transformação por meio de um compromisso consigo mesma, de uma determinação de não mais se esconder atrás de aspectos com os quais você ainda não tinha tomado contato conscientemente.

A mulher que está em paz com seu interior transita melhor pelos meandros do mundo afora e passa a confiar tanto em sua intuição e em sua percepção como em suas habilidades de transformação de acordo com o que se apresenta em sua vida.

Agora que você viu mais de perto a matriz, a fonte de onde se originaram muitos dos seus sentimentos e comportamentos, talvez esteja pronta para dar um passo mais livre: avaliar quais são seus desejos e suas necessidades. Vamos entrar juntos em algumas das moradas dos desejos e das necessidades da mulher. Em algumas dessas regiões, você certamente encontrará desejos que também são seus, ainda que até agora não tivesse tido a condição de reconhecê-los e nomeá-los.

7

As moradas dos desejos femininos: em que áreas estão localizadas as principais necessidades da mulher

Morada: lugar em que uma coisa habitualmente está.

O primeiro me chegou
Como quem vem do florista
Trouxe o bicho de pelúcia
Trouxe um broche de ametista
Me contou suas viagens
E as vantagens que ele tinha
Me mostrou o seu relógio
Me chamava de rainha
Me encontrou tão desarmada
Que tocou meu coração
Mas não me negava nada
E assustada eu disse não.

O segundo me chegou
Como quem chega do bar
Trouxe um litro de aguardente
Tão amarga de tragar
Indagou o meu passado

E cheirou minha comida
Vasculhou minha gaveta
Me chamava de perdida
Me encontrou tão desarmada
Que arranhou meu coração
Mas não me entregava nada
E assustada eu disse não

O terceiro me chegou
Como quem chega do nada
Ele não me disse nada
Também nada perguntou
Não sei como ele se chama
Mas entendo o que ele quer
Se deitou na minha cama
E me chama de mulher
Foi chegando sorrateiro
E antes que eu dissesse não
Se instalou feito um posseiro
Dentro do meu coração

"Teresinha", Chico Buarque

Ser reconhecida como mulher

O cantor, escritor e compositor Chico Buarque costuma ser citado como um dos poetas mais sensíveis e capazes de captar e sintetizar na poesia de suas canções a essência da alma feminina. A canção de Chico aqui em destaque nos servirá de trilha sonora na sondagem sobre o que a mulher quer.

A MULHER E SEUS SEGREDOS:
DESVENDANDO O MAPA DA ALMA FEMININA

Na canção "Teresinha", que abre este capítulo, Chico fala de uma mulher imaginária que nos conta três momentos diferentes da sua vida amorosa. A canção se estrutura em três tempos e, em cada um desses tempos, um homem entra na vida dessa mulher. Mas é ao terceiro, que simplesmente a chama de "mulher", a quem ela se entrega. O homem que se instala no seu coração consegue essa façanha porque a sua fala está em consonância com o que a mulher quer ouvir. O que ela mais quer é que ele a chame de mulher. Quer que ele diga que a vê como mulher. Ela quer apenas ser reconhecida como mulher, não só pelo homem, mas pelo mundo e, acima de tudo, ser percebida assim por ela mesma.

A mulher precisa que o homem a confirme como tal. Que a veja feminina, como mulher dele, o que necessariamente não implica posse, mas a referência de ser sua mulher. O que ela mais quer é que o homem diga que não consegue viver sem ela, que ele demarque seu lugar ao lado dela. Que o homem se pronuncie assim para ela.

Ao mesmo tempo, não quer um homem que não possa viver sem ela, de fato, porque, se ele precisar mais dela do que ela precisa dele, vem à tona o medo de não ter o apoio e a proteção de que interiormente sua alma precisa. A mulher não agüenta um homem carente o tempo todo.

A mulher não quer que o homem desvalorize o que ela era antes de ele entrar na sua vida. Quando ele a conheceu, havia a família, os estudos, o trabalho, os sonhos e os pensamentos que podem proporcionar atitudes que ela não quer abandonar. Hoje, a maioria também não está disposta a abrir mão do futuro: a carreira, a vida social, os relacionamentos profissionais, o sonho de ser mãe, os estudos e os planos individuais de crescimento. A mulher quer que o homem valorize o que ela é, além e apesar dele.

Mas, para que se sinta valorizada, a mulher também tem que se dar valor. E dar valor depende da sua capacidade de identificar em si aquelas características que são únicas, diferenciadas do que lhe é externo. Aquilo que nela aparece como substantivo e não como adjetivo que lhe podem dar ou tirar.

AS MORADAS DOS DESEJOS FEMININOS:
EM QUE ÁREAS ESTÃO LOCALIZADAS AS PRINCIPAIS NECESSIDADES DA MULHER

Sempre que pensamos no que a mulher quer, somos tentados a enfocar um único aspecto: o que a mulher quer dos homens. Diz-se que ela quer um homem forte, sensível, que não a abandone. Mas o mundo da mulher não gira apenas em torno do homem. Naquilo que ela quer para si mesma é que estão os elementos que a estruturam e a denominam. Ser mulher é a sua questão primeira.

Em um trabalho recente de que participei em Paris, no *Forum International de l'Innovation Social* (Fórum Internacional da Inovação Social), tínhamos em pauta o tema dos gêneros. Ao mencionar a elaboração deste livro e destacar o fato de ele ter sido nomeado como A *mulher e seus segredos*, em um gesto espontâneo e gracioso, Christopher, um dos consultores, suspirou e disse: "Ah, eu preciso ler isso, quem sabe assim vou conseguir me orientar melhor com as mulheres...". Essa reação demonstra que os homens ainda têm muito a aprender sobre as mulheres, mas o mundo da mulher não é feito apenas de homens.

Então, quando pensamos no que a mulher quer, temos que fazer uma distinção do que ela quer de si mesma, dos homens e do mundo.

Na busca da sua identidade é que está o que a mulher quer para si mesma, identidade esta que define os contornos da mulher que ela quer ser. É ela pura, sem as interfaces que a limitam. Mas, para saber o que quer, a mulher precisa enxergar seus desejos com precisão microscópica e não apenas com a visão a olho nu. Olho nu é aquele que enxerga o que ele pode simplesmente e naturalmente enxergar, o que não significa o que realmente determinado objeto é. Por isso, às vezes, só com um microscópio muito sofisticado é que se pode chegar ao que está incrustado na alma, reconhecendo sua identidade de mulher.

Quando dizemos que a mulher está cada dia mais voltada para sua realização profissional, por exemplo, talvez estejamos fazendo uma avaliação como base em um olhar só da superfície desse desejo e podemos dizer: "Não era isso o que elas queriam? Por que agora ficam tão divididas e se sentem sobrecarregadas?". Essa é uma visão estreita, simplista e rasa. É preciso olhar a questão sob um ponto de vista mais profundo.

Apoio incondicional na vida profissional

Ao iniciar a vida profissional, a mulher pode ficar muito gratificada com as conquistas alcançadas. Ela se afirma a partir do que desenvolve intelectualmente, e a cada etapa se descobre mais capacitada, independentemente do retorno financeiro que esse trabalho possa representar, porque querer trabalhar é um desejo genuíno seu.

Quando trabalha desde cedo, a maioria das mulheres não se importa de abrir mão das funções que exerceria se seguisse o papel-padrão que tinha numa família tradicional. Mas se sente culpada em situações de crise, principalmente se as pessoas afetadas forem os filhos. Nessa hora, não consegue deixar de pensar que tudo poderia ter sido diferente se ela estivesse perto deles o tempo todo. Assim como as solteiras, sozinhas ou descasadas, sentem-se em débito com elas mesmas, como se fossem culpadas por não ter encontrado "um homem de verdade".

Ter uma carreira, portanto, faz parte do que a mulher quer para si, sem qualquer relação com o homem. Entretanto, ela não o descarta totalmente, mas, pelo contrário, espera muito dele. O homem é trazido para esse cenário à medida que a mulher precisa dividir com ele seus conflitos, mas ela pode se frustrar bastante, pois nem sempre ele tem a sensibilidade para atendê-la nessa necessidade.

Quando está numa situação profissional e econômica superior à do namorado ou marido, por exemplo, a mulher pode inicialmente achar que essa discrepância não afetará o relacionamento, a admiração pelo parceiro. Essa situação pode durar meses, até anos, mas em algum momento começará a gerar desconforto. O olhar da mulher para esse homem vai se transformando, ela começa a achar que ele tem mais defeitos do que percebeu inicialmente, pode achá-lo fraco ou, o que é pior, começar a desconfiar que ele é do tipo aproveitador. Pode passar a imaginar que ele, na verdade, está a seu lado para usufruir das mordomias que não é capaz de bancar com o que ganha.

AS MORADAS DOS DESEJOS FEMININOS:
EM QUE ÁREAS ESTÃO LOCALIZADAS AS PRINCIPAIS NECESSIDADES DA MULHER

Quando isso ocorre, a mulher passa a experimentar uma imensa sensação de cansaço, porque, ao peso das atividades profissionais, se soma o peso emocional de ter de "carregar" o parceiro, real ou suposto. Ela então pode se sentir massacrada e passar a se acusar por não ter conseguido prever essa situação, ou por estar sendo egoísta ou interesseira. Não consegue estabelecer uma relação afetiva profunda, fica cronicamente insatisfeita, mas, muitas vezes, não consegue se desvencilhar do vínculo afetivo que tem com o parceiro. Como, em alguns casos, ela está seqüestrada emocional ou sexualmente, ou compromissada com essa relação moralmente, vai empurrando a situação até o limite de suas forças.

A sensação de fraqueza a consome de tal maneira que a mulher pode lançar mão de mecanismos inconscientes para atingir uma situação-padrão em que esteja em pé de igualdade financeiramente em relação ao parceiro. Pode, por exemplo, boicotar a própria carreira para estabelecer o equilíbrio de forças entre os dois. E se, com isso, conseguir melhorar a condição dele pelo acréscimo da auto-estima e tirar o companheiro da areia movediça em que ele se atolou, se sentirá recompensada. É uma pena que, caso isso ocorra, a mulher estará se desvalorizando ou detonando seu potencial num aspecto mais amplo. Entretanto, nesse momento da vida, ela pode ter se determinado a priorizar seu relacionamento.

A mulher tende a ser condescendente e flexível. Acredita sempre que pode ajudar o homem a crescer, tenta mostrar os caminhos para que ele seja um homem melhor e se sente muito mal quando não consegue ajudá-lo. Em casos como esse, é comum que a mulher tenha tido alguém em sua vida que ela acha que poderia ter ajudado ou salvado, mas não conseguiu. Por causa disso, passa a olhar o companheiro – e mesmo outras pessoas, como pais e irmãos – como uma oportunidade de redimir a "falha" anterior. É como se expiasse a culpa de não ter sido outrora a salvadora.

Esta é uma dica: se você insiste em algum relacionamento que não é realmente o que quer ou permanece presa a algum tipo de relação às vezes até autodestrutiva, sem sair do lugar, procure refletir se essa insistência não tem a ver com algum outro momento da sua vida que ficou mal resolvido. Às vezes, as marcas podem não ter qualquer ligação com uma relação amorosa anterior. Experiências de vida, como um pai que não deu certo como profissional, um irmão que morreu de acidente ou doença, o casamento desfeito dos pais, entre muitas outras, podem interferir nessa postura que a mulher adota de cumprir o papel de mártir, de salvadora da pátria.

Romper com esse homem não é tão simples como querem fazer parecer as conselheiras de plantão que vivem dizendo: "Manda ele embora". Não são somente os motivos aparentes que justificam a separação de um casal que se mostra desajustado, porque o homem pode ser muito importante para a mulher em outros aspectos, pode ser o suporte emocional de que ela tanto necessita, aquele alguém que a escuta e a apóia nos momentos em que se sente pressionada e esgotada, precisando de uma outra fonte nutridora para recuperar sua potência.

Às vezes, um único aspecto isolado pode ser suficiente para mantê-la presa a esse homem. Se ele é sócio numa empresa que pertence aos dois, por exemplo, ela pensará um milhão de vezes antes de romper esse relacionamento, por mais que ele a esteja esterilizando afetivamente. Se o homem se mostra indefeso ou inábil, como foi o pai dessa mulher, ou o irmão que não deu certo, é mais forte o desejo de salvá-lo do insucesso. Se ele a livrou de alguma deficiência, que pode até ser do ponto de vista social ou pessoal, ou de uma vivência íntima dolorosa, essa mulher pode ficar refém desse homem, mesmo que ele não preencha em quase nada os seus anseios.

A mulher pode até expressar seu descontentamento, culpar o homem pela situação desconfortável em que ela se encontra, dizer que ele é "um banana", "um folgado", "um aproveitador", mas no fundo é ela quem está presa àquelas amarras, porque, de alguma forma, precisa dele emocionalmente.

É comum, em seus processos terapêuticos, as mulheres dizerem que o companheiro que vale a pena é aquele que é capaz de lhe dar apoio incondicional, inclusive no trabalho, aquele que é capaz de ouvi-la, de ajudá-la na elaboração de uma apresentação ou de aconselhá-la numa decisão importante que ela precise tomar.

Escora sim, âncora não: para continuar crescendo

Em tempos muito remotos, a mulher que quisesse ter um homem para se casar precisava ter um dote para oferecer a ele. Um conjunto de bens que seus ascendentes ou terceiros transferiam ao marido para que ele tivesse condições de assumir os encargos financeiros que a união conjugal representava.

Séculos se passaram até que a responsabilidade de ser de fato o provedor da casa e da família ficasse exclusivamente nas mãos do homem. Mas não foram necessários tantos outros séculos para que novamente elas passassem a contribuir com grande parcela do que uma família precisa para viver.

Várias mulheres que hoje estão numa faixa de idade mais avançada não puderam pagar as contas da casa, porque não desenvolveram a própria capacidade produtiva e financeira e porque não foram formadas com base nesse valor de participação na vida familiar.

A mulher contemporânea, quando entrou no mercado de trabalho, aprendeu que podia contribuir com o orçamento doméstico, principalmente em roupas, presentes, utensílios domésticos, decoração e lazer da família. Ela passou a participar do orçamento da família com um rendimento que só lhe permitia arcar com parte das despesas, ganhando, no máximo, a metade do que o homem ganhava. Mas a metade já era alguma coisa para quem não tinha nada. Ganhar a metade em comparação ao que o homem ganha já significa ser "meio auto-suficiente", "meio reconhecida". Por isso, em sua maioria, elas se tornaram "meio responsáveis" pela manutenção do lar, cada uma de acordo com seu perfil de vida.

Hoje, quando a mulher é mais jovem, casada, tem que pagar (pelo menos uma parte, quando não tudo) as contas da casa no caso de o marido não ganhar o suficiente para que vivam com conforto, e não é raro que ela seja a parte mais bem remunerada do casal. As solteiras ou separadas também aprenderam cedo que teriam que bancar as próprias despesas. Ganharam a liberdade de morar só, se assim quiserem, sem depender da família, o que lhes dá plasticidade para experimentar muitas outras maneiras de ser e estar, mas, ao mesmo tempo, lhes deixou a responsabilidade completa pelo seu sustento.

O que tudo isso indica é que, em suma, a mulher quer o apoio, a sustentação (que não se entenda, aqui, o "sustento", isto é, ser suprida economicamente). E estamos de volta à questão da essência. A mulher quer alguém que a segure para que ela não caia e continue crescendo. É um processo semelhante ao que fazemos ao dar apoio a uma planta muito frágil, ainda sem a força necessária para enfrentar os fortes ventos e chuvas que podem quebrá-la e impedi-la de crescer. À medida que a planta se fortalece, precisa mais da escora que lhe demos. A sustentação pode ser mantida, não mais para segurar, mas para guiar o crescimento, não mais pela fragilidade. E, igualmente importante, a escora permanece, desde que não atrapalhe o crescimento da planta, caso contrário, precisa ser retirada de vez. A analogia dessa imagem com o processo de desenvolvimento da mulher é inegável.

A mulher precisa de uma escora porque se vê tão pressionada por todos os lados que tem a nítida sensação de que a qualquer momento vai cair. São muitas as cobranças, e cair pode ter vários significados. Pode ser não suportar o peso de crescer, de se desenvolver, de lutar, pode ser não agüentar cuidar sozinha dos filhos e dos afazeres domésticos, pode ser não ter condições de arcar com a responsabilidade de tomar conta da mãe ou do pai idoso e doente, ou, ainda, se sentir impossibilitada de cumprir um papel na família que exige dela a postura da mais doadora, da mais madura, da mais responsável pelo bom andamento da vida de todos que a cercam.

Veja que a condição da mulher, nesse caso, é a mesma da árvore que precisa de uma cerca de madeira em torno do seu tronco enquanto está crescendo para fora, para cima, para o alto. A mulher precisa desse apoio para que possa dar suporte a si mesma, para que possa enfrentar os abalos constantes a que é exposta e as tempestades que tão freqüentemente se abatem sobre ela.

A imagem da escora representa bem o desejo de apoio a tudo o que a mulher carrega. A escora está associada à idéia de "couro", um material que é firme o suficiente para agüentar mais tempo, mas também tem a maleabilidade necessária para apoiar sem causar desconforto. É do homem que escora que a mulher precisa, não do homem que ancora. O que a ancora está fixando-a num único ponto, imobilizando-a nos seus movimentos mais amplos. A âncora dá segurança, mas dá segurança prendendo embaixo, fincando-a no chão, e a mulher não quer ficar presa "embaixo", ela quer crescer, quer poder subir, se erguer, se esticar e dançar com o vento, respirando novos ares.

Mas, para isso, tem que ter ao seu lado um homem que segure o tranco, e o tranco é o movimento brusco que o processo de crescimento apresenta. Para que haja crescimento, há um processo de multiplicação e ampliação concomitantes. E muitas vezes, para ir de um estágio a outro, é necessário um solavanco, uma pressão. Toda mudança é precedida por um "empurrão", mais sutil ou mais forte, dependendo do caso, mas indispensável para o crescimento de qualquer ser.

O conforto de um colchão afetivo

Além de apoio, a mulher quer proteção. Uma espécie de colchão afetivo para descansar. Daí o fato de as mulheres se sentirem tão atraídas por homens de peito largo. O peito largo é um símbolo do colchão afetivo de que ela tanto precisa. Porque, se o peito é largo, a mulher imagina que o coração que pulsa dentro dele também seja grande o suficiente para acolhê-la e protegê-la.

É como a mulher que não abre o vidro de palmito ou azeitona, a garrafa de água ou a lata de refrigerante, mesmo sendo capaz de fazê-lo sozinha. Ao pedir que o homem faça isso por ela, está pedindo, na verdade, apoio e proteção. É uma forma indireta que ela tem de dizer: "Eu quero você, eu preciso de você". Ele, mais desavisado ou distorcendo o pedido, pode achar que ela o está manipulando. Ou que ela quer fazer dele seu empregado, que ela o explora. E quem está fora da relação a dois não vê nada. Pode interpretar como "charminho" ou criticá-la por "não se virar sozinha".

Quem está dentro do vínculo pode ter uma outra visão, mais cuidadosa, uma visão microscópica que lhe dá a possibilidade de uma percepção muito mais apurada. Talvez seja capaz de perceber que essa pode ser apenas uma forma elaborada que a mulher cria para aproximar o homem. Ela sente necessidade de tê-lo mais próximo, e demonstra isso lhe pedindo coisas aparentemente simples que poderia fazer sozinha.

Alguém pode pensar: "Mas não é um contra-senso (ela quer estar livre e ao mesmo tempo próxima)? Como é possível querer ter esse homem tão perto e ao mesmo tempo reivindicar tanto a liberdade de não se sentir asfixiada por ele?". O fato de que poucos se dão conta é que essas não são posturas antagônicas, mas, sim, complementares.

Mesmo a mulher mais forte diz: "Eu quero um homem que seja homem mesmo!". Por trás disso está o desejo de ter alguém que a apóie e a proteja, que enfrente o mundo sem medo e possa lhe servir de sustentação para continuar seu crescimento e o reconhecimento de seus atributos e suas atribuições.

Há mulheres para as quais o simples fato de ter um homem com quem sair à noite, viajar ou simplesmente compartilhar a cama já é suficiente para que suporte as outras frustrações que a vida possa lhe ocasionar. Para uma mulher cheia de medos – de escuro, de pesadelo, de assaltantes –, a proteção de um homem durante a noite ou num fim de semana tem valor incalculável. Não importa que, nos outros espaços pelos quais ela transita, conquista e se realiza, aquele homem não tenha o mesmo nível dela.

Você, mulher, sabe que precisa desse aconchego. Encontrar um ponto de apoio em que é possível estar amparada, aquecida em uma condição confortável. O problema é se você acha que encontrar esse ponto de aconchego depende exclusivamente de um movimento externo, de um outro, de um homem que a ajude, porque não é assim. Não depende exclusivamente dele.

Todos esses aspectos que estamos lhe trazendo são fios necessários para tecer a manta com a qual você precisa para estar mais protegida. Uma manta que a aqueça sem impedir seus movimentos naturais, porque movimento é sinônimo de vida. Movimentar-se implica sair do lugar, da imobilidade, da paralisação.

É muito comum ver mulheres assustadas, com medo de ladrão, medo de dirigir, medo de andar sozinhas. Elas estão totalmente desprotegidas, porque assim se sentem na sua essência. Lembro-me de uma paciente que se irritava profundamente quando seu homem deitava com a cabeça no peito dela, fazendo-a sentir um desconforto e um incômodo que ela não conseguia entender. Acontece que a mulher pode ter um namorado muito forte ou um marido rico, carro blindado e serviço de segurança 24 horas por dia, mas, se esse homem lhe falta à noite, quando tudo o que ela queria era um peito largo sobre o qual se debruçar, continuará se sentindo desprotegida. Quando vai dormir, descansar em sua morada, seus sonhos representam seu desejo de ter alguém com quem possa se sentir abraçada de verdade. Se essa posição se inverte, a mulher se sente desprotegida, como acontecia com a minha paciente, ainda que ela não soubesse disso conscientemente.

Bem-me-quer, malmequer:
o amor, a espinha dorsal da mulher

A mulher precisa se sentir amada. Ter um homem que a ame e possa tranqüilizá-la, que figurativamente a preserve das agressões do mundo exterior, mas que não a restrinja à presença dele.

Existe uma brincadeira de menina que simboliza esse desejo da mulher: bem-me-quer, malmequer. Quando faz o gesto de despetalar uma margarida, alternando esses dizeres, a menina está na verdade tentando encontrar a resposta para uma pergunta que reverbera na sua alma: bem-me-quer ou malmequer? É como se fizesse um sorteio. Mas não é só a resposta à pergunta se aquele menino por quem ela está apaixonada a quer bem ou a quer mal que ela procura saber. É uma busca também no sentido de descobrir se ela mesma se quer bem ou se quer mal. Para se entregar a alguém, ser querida, é necessário, antes de tudo, querer bem a si mesma.

Os tempos mudaram, mas o amor continua sendo a espinha dorsal da mulher. Sem amor, ela fenece e murcha como uma planta que a gente vai esquecendo de aguar. Ou vai entortando, entristecendo, por isso colocamos aquelas hastes de arame nas orquídeas. Por mais que algumas mulheres se vangloriem por estarem muito bem sozinhas, admitem que em algum momento se perguntam o quanto a vida delas poderia ser melhor se tivessem um companheiro com quem dividir as alegrias e as tristezas, as dúvidas e os sucessos.

A forma grosseira que os homens encontram para definir uma mulher que está mal com sua essência é dizer que ela é "mal-amada", o que, em outras palavras, corresponde a dizer que ela não se satisfez sexualmente. Quando ela aparece de mau humor no trabalho, os homens nem precisam verbalizar o que pensam, bastam os olhares e as mímicas para que entre eles fique caracterizada a fala implícita. A sensação que têm dela é de que não passa de uma mala pesada que ninguém quer carregar.

A mulher precisa de amor e, se não recebê-lo, não terá uma boa imagem de si mesma. A auto-estima está intimamente relacionada ao fato de se sentir amada. Se a mulher é amada, mas não se sente como tal, talvez seja porque ela não recebe tanto quanto precisa, ou não sabe do que precisa.

É muito comum as mulheres dizerem que não se sentem prioridade na vida do namorado ou do marido. Estão sempre se comparando à pessoa para quem ele dá mais atenção, faz mais ligações telefônicas, dedica mais tempo, com quem ele se ocupa ou se envolve mais. Nessa comparação, estão competindo com o trabalho dele, com os filhos dele, com a família dele, com os amigos dele, com o futebol dele. Mas talvez o que esteja por trás disso é que ela mesma não é prioridade na própria vida. Não se conhece, não se valoriza, e então fica dependente da avaliação externa, sempre esperando que um homem – seja o namorado, o marido, o chefe ou o subalterno – a confirme como mulher para que ela de fato se sinta digna de ser amada.

Além disso, há uma exigência que a mulher escuta dos outros no espaço que a rodeia e que vem de todas as direções: a exigência de que ela esteja bem com o namorado ou com o marido. A sociedade cobra da mulher que ela seja o sustentáculo afetivo do relacionamento amoroso.

O jeito-padrão de escrever ou expressar o relacionamento amoroso como "relação homem–mulher" é contraditório desse ponto de vista. Perceba que a palavra "homem" vem em primeiro lugar. Mas quem é a primeira a ser cobrada em relação à durabilidade de um relacionamento? Ou seja, quando uma relação não vai bem, quando eles se separam ou mesmo quando "ela" não consegue ter uma relação afetiva duradoura, há uma cobrança muito mais forte sobre a mulher do que sobre o homem. Ela é que é apontada por não ter lidado bem com a relação.

O que a mulher quer é o que ela precisa

A mulher precisa do colchão afetivo e da escora que o homem pode lhe oferecer para conseguir dar conta da própria existência. Colchão afetivo e escora, apoio e proteção, valorização e estima são denominações outras de algo muito mais amplo que está na base do que a mulher quer: viver o amor. O que a mulher quer é igual ao que ela precisa, e ela precisa do amor que a alimente, que a confirme como mulher. Quando recebe o que necessita, ela pode ficar suficientemente fortalecida para expandir esse amor para todo o universo que a rodeia.

O que as mulheres querem é o que elas já queriam: ser amadas, protegidas, valorizadas, apoiadas naquilo que querem para si. O problema é que, hoje em dia, na maioria das vezes, o "eu quero" das mulheres fica marcado como o "eu reclamo". Reclamação é o que homens comentam ser uma constante no relacionamento homem–mulher.

Lembra-se que, antigamente, ela pedia, submissa e insegura, com uma voz tão fininha que quase não se podia ouvir? Pois é, o problema é que a mulher radicalizou, incentivada pelo feminismo, e, agora, o que quer, ela exige com megafone. Só que, se antes ela não era ouvida e atendida porque falava baixo demais, hoje ela continua não sendo ouvida e atendida por gritar demais.

Depois de tentar de todas as formas ser ouvida e atendida no que necessita, a mulher não viu alternativa a não ser gritar. A mulher que impõe (Você vai me ouvir!", "Você vai me falar!") está pedindo desesperadamente que o outro a veja e sinta de verdade como ela é. Quando diz: "Você vai me escutar", está querendo dizer: "Você vai escutar o meu ser, o que internamente estou precisando".

Aliás, reclamar significa clamar mais uma vez, com a intensidade de quem está no limite da necessidade. Vem de outro lugar, afastado do aqui e agora. Vem de outro momento que ela quis ter, precisava ter, sonhava ter e não teve. De algum outro lugar, de um outro momento da sua vida interior, ela busca uma maneira de preencher um vazio que sente por não conseguir alcançar uma plenitude que a estruture emocionalmente.

Se agora você, mulher, já se sente mais sintonizada com o que quer de si mesma, do mundo e dos homens, precisa fazer um novo e talvez o mais difícil movimento: olhar mais atentamente para seus sentimentos e seus comportamentos e verificar o que pode ser mudado em você para deixá-la mais inteira e harmonizada.

8
Desenhando um novo mapa: mudanças rumo à integração

Mudar: Transformar-se, converter-se, transmudar-se, transmutar-se.

Para que se possa transformar numa pessoa mais harmonizada consigo mesma, a mulher precisa ser capaz de se apropriar da trajetória da transformação pela qual passou. Para tanto, terá de atravessar três fases distintas: saber, ou seja, raciocinar como ela é e captar os mecanismos de suas ações, pensamentos e sentimentos; entender, ou seja, elaborar, levar para dentro o que captou e transformar o que vê fora em material para a transformação interior; e reconsiderar, reconsiderar a si mesma e ao mundo que a rodeia e, quem sabe, assim, se sentir mais feliz e satisfeita com o seu ser.

O que estou lhe propondo, mulher, é um percurso que vai propiciar uma grande mudança na sua vida. Não estou propondo que simplesmente mude de endereço, mas que faça em você uma verdadeira transformação. Não aquelas transformações momentâneas, que não duram mais que um dia, mas uma transformação profunda: da mulher que você mostra, ou tenta mostrar ser, para a mulher que você é.

Mas não dá para fazer uma maquiagem, mudar o corte de cabelo, aplicar Botox e com isso ganhar um novo ser. Para mudar de verdade a sua vida, você terá que ter a coragem de se entregar a uma cirurgia muito mais minuciosa e invasiva da própria alma. Uma cirurgia que requer bisturis muito afiados e da qual você talvez precise de um tempo para se recuperar. Ela atinge o seu ser interior mais sensível, aquilo que na sua estrutura é invisível e que abarca todo o seu ser.

Desenvolva a consciência de si mesma em todos os aspectos

O desenvolvimento humano se expressa em diferentes níveis de consciência. Nível de consciência é o quanto sabemos de nós mesmos, de quem somos. Numa primeira instância desse nível de consciência, a mulher entra em contato com o que ela é fisicamente: forma, tamanho, peso. Depois vai para os detalhes.

Quando uma mulher se define, ela pode, num primeiro momento, se exprimir dessa forma: tenho cabelos castanhos, sou baixa, meio gordinha, ou morena, alta, quadris largos. Esses são os aspectos físicos que ela enxerga no espelho. O que a mulher mais sabe sobre si mesma é o que ela enxerga no espelho. É claro que ela pode ter o viés dessa percepção distorcido em função de necessidades, desejos, disfunções, frustrações, o que for. Mas ela se vê, nitidamente ou distorcidamente, mas vê.

Ela pode achar que está muito gorda quando na verdade não está, porque talvez use instrumentos de medida que não se aplicam a ela. O instrumento que a mulher usa para se ver pode distorcer mais sua percepção dependendo do que quer ver. Ela não entra naquele manequim 38, porque seu manequim agora é 42, mas ela não aceita essa realidade como natural, porque não mudou o número do manequim da cabeça. Continua tentando vestir algo que não lhe cabe.

De todas as personagens apresentadas no livro, por exemplo, vimos que nenhuma delas está livre de passar na frente do espelho, de se enxergar de fora e enxergar a imagem que ela passa para o mundo. Com base nessa imagem, a mulher vai se comparar com as amigas que estão com as unhas feitas, com a colega de trabalho que é mais alta, com a irmã que tem os cabelos mais longos e assim por diante.

De outro lado, por mais envolvida que ela possa estar num papel, em algum momento, vai tentar enxergar o que estão vendo dela fisicamente. Fatalmente, isso também passa por um crivo de comparação. E essa comparação tem o referencial numa outra mulher, porque comparar implica ter um modelo do lado para medir. Mas o fato é que, quanto mais se compara com as outras, mais distante a mulher fica do que ela é. Ou seja, menos consciência ela desenvolve do ponto de vista físico, que é a instância de consciência e de desenvolvimento da qual estamos falando por enquanto.

É o que acontece com freqüência, por exemplo, entre mãe e filha. Elas podem entrar num nível de comparação tal que uma passa a exercer um poder destrutivo sobre a outra, abrindo verdadeiras feridas em suas almas femininas. Não é raro encontrarmos filhas de mulheres muito bonitas que têm uma sensação constante de rejeição. Independentemente do esforço que as mães façam, ou sejam obrigadas a fazer, não conseguem vencer a batalha emocional que as filhas têm dentro de si por ter uma mãe "muito mais bonita que elas", o que as perturba o tempo todo. A mãe também carrega a imagem da filha que não é tão bela quanto ela fisicamente.

Em outros casos, pode haver o sentimento de falência da mãe que já não tem a beleza da filha. As feridas dessa mãe vão crescendo à medida que se tornam patentes a perda da juventude, o aparecimento das rugas, o aumento do peso e as transformações inerentes ao envelhecimento. Para a mãe, fica a ferida do envelhecer, e, para a filha, a culpa da infelicidade da mãe.

O esquema de comparação entre mãe e filha passa a funcionar numa dinâmica de engalfinhamento tão grande que chega uma hora em que nenhuma das duas sabe mais quem é quem. Por se comparar o tempo todo, elas podem acabar perdendo a própria identidade.

O conhecimento do que uma mulher é fisicamente está estreitamente ligado ao sensorial e ao emocional. A capacidade que uma mulher tem de saber quem ela é também está em perceber sensorialmente e decodificar emocionalmente. O sensorial vem dos órgãos sensoriais: tato, olfato, audição, paladar, visão. Para todos eles, a gente tem terminações nervosas que permitem o sentir. Do ponto de vista psicológico, é o sentir emocionalmente. A emoção seria correspondente às terminações nervosas. O psicológico é a emoção. A terminação nervosa, os órgãos sensoriais. O desenvolvimento se dá, portanto, passando pelo físico e pelo psicológico.

Espelho meu...

Ao se olhar no espelho, a mulher se vê e se sente. Ao passar a mão pelo corpo e experimentar sensações, a mulher também está se conscientizando de quem ela é. Mas esse sentir pode sofrer distorção tanto quanto o se ver. A mulher pode se sentir muito melhor ou muito pior do que ela é de fato. Mas, se tiver uma percepção adequada e uma emoção equilibrada, estará a caminho de uma conscientização maior de quem ela é.

Se a mulher está equilibrada do ponto de vista físico e emocional, ela pode passar por momentos de muita tensão, sofrer agressões, sem grandes traumas, sem que as instabilidades da vida a atinjam em sua essência. A vida tem instabilidades. É impossível uma mulher que não se veja oscilar entre perdas e ganhos. Quanto mais harmônica for a consciência de si mesma, mais preparada ela estará para as adversidades da vida. Aí a gente chega na questão de ela estar mais madura, mais saudável e poder vivenciar isso no coletivo.

A maioria das pessoas toma conhecimento de si na ordem que propusemos anteriormente. Desenvolve primeiro a percepção física. Quando vai para um segundo nível, precisa de uma nova ampliação da consciência que se situa entre o sensorial e o emocional. Em seqüência, está a consciência mental e espiritual. Muitas pessoas não conseguem desenvolver sua consciência mental e espiritual e até confundem essas duas instâncias.

A consciência mental é freqüentemente confundida com o QI (quociente de inteligência). Acham que o mental é algo que pode ser acessado diretamente e submetido à avaliação. O aprimoramento intelectual não garante que o mental esteja ampliando a consciência das coisas da vida. O espiritual pode sofrer uma distorção parecida. As pessoas confundem o ritual religioso com o desenvolvimento espiritual. Acham que a simples repetição de cânticos e rituais proporciona desenvolvimento espiritual. Claro que essas atividades não deixam de ser tentativas dessa tomada de consciência espiritual, mas não as garantem.

Uma mulher que consegue desenvolver uma consciência coletiva, de relacionamento familiar, de casal ou uma consciência do tipo de relação que ela estabelece com seus pares, conseguirá se colocar no lugar das outras pessoas e enxergar como é vista e percebida e o quanto e como ela atinge essas pessoas. Ela alcançará uma amplitude que a ajuda a se situar, como cidadã, como profissional e como ser afetivo. Por isso, estará dando um passo além de simplesmente medir o seu QI.

Do ponto de vista espiritual, independe totalmente da religião que a pessoa tem. A religião pode ser um parâmetro para que ela se desenvolva nesse caminho. A percepção que pode ter do quanto ela é uma centelha do divino, um potencial ser criador e multiplicador como o divino, vai repercutir sobre a responsabilidade que ela acaba assumindo em relação à sua vida e à dos demais. Quanto maior a percepção do divino em si, o Deus que cada um puder acreditar que é, pela condição mínima de estar vivo, maior a proximidade com o que o desenvolvimento espiritual representa. Eis a questão de a mulher enxergar a partir do que ela é. Essa percepção permite que ela exerça grandes transformações: pode se transformar tanto no melhor dela como no pior dela. Assim como pode definir como e com quem se relaciona e o que faz no mundo.

A mulher, ao se desenvolver, se desembrulha, encontra em si uma matéria rica e descobre que pode usá-la para se ampliar. Ela tira o que está só por fora, que serve só para escondê-la, encapá-la. Somente ao tirar essa capa poderá perceber o que está dentro de si. Quando consegue isso, a mulher torna sua essência mais visível e permite que os diversos níveis de consciência se manifestem e se expressem por meio do que ela é. À medida que amplia a percepção de si mesma, ela se desenvolve. Ela encontra seus atributos mais puros e pode utilizá-los à vontade. Amplia seus espaços, seus horizontes.

Novamente podemos lançar mão da imagem das flores. Da rosa, mais precisamente, que também é símbolo do amor. A mulher que ainda não desenvolveu a consciência de si mesma em todos os níveis é como uma flor em botão, na qual as pontas das pétalas estão tão juntinhas, fechadas, apertadas que dão a impressão de que o bulbo nunca vai se abrir para a vida, para o sol, para o vento.

Mas mesmo fora da planta, se ela encontra um vaso, uma água adequada que lhe permita expandir seu potencial, em vez de morrer botão, se curvar e desistir do processo de desabrochar, ela começa a se abrir, a mostrar novas configurações do seu ser, da sua essência. A maturidade e a saúde – individual e coletiva – dependem da integração e da harmonia entre esses diferentes níveis.

Melhore sua auto-estima

Houve um tempo em que os principais comerciais de sabonete trabalhavam com o desejo presente no imaginário feminino de ser parecida com as artistas de cinema. Toda mulher queria usar o "sabonete das estrelas", que diziam deixar a pele "macia como pétala de rosa".

Hoje em dia, está se tornando cada vez mais comum utilizar "mulheres de verdade" para vender sabonetes e cosméticos em geral. O que os publicitários perceberam é que, ao se reconhecer na imagem de mulher veiculada pela mídia, as mulheres melhoram a auto-estima, e mulher com auto-estima boa compra mais sabonetes, não só porque os sabonetes prometem isso ou aquilo que lhes falta, mas porque estão harmonizadas com elas mesmas e querem se cuidar.

O que está em jogo aí é o fato de que, ao ver uma garota-propaganda com o corpo e o rosto parecido com o seu, a mulher começa a entrar em contato não só com a mulher inalcançável, impossível de ser, mas com a mulher possível de ser. Possível de ser e que pode ser, não que sonha ser, porque as estrelas de cinema habitam um mundo incompatível com a realidade da maioria das mulheres.

A auto-estima é um ponto nevrálgico da personalidade feminina. A capacidade de a mulher conseguir reconhecer a si mesma depende da auto-estima. Se a auto-estima está ou é baixa, ela não consegue sair da armadilha de culpar o outro.

Em muitos dos processos terapêuticos que conduzo, as mulheres chegam com esse discurso de que o outro a fez sofrer, a está deixando assim ou assado. Expõem essa dor como quem aponta um machucado, pedindo que lhe façam um curativo, ainda com os olhos fechados, sem saber ao certo a extensão do corte que lhe fizeram.

Quando elas verbalizam o ataque que sofreram, de um homem ou mesmo de outra mulher, precisamos averiguar juntos qual é a exata extensão do ferimento. Se a ferida parece menor que a dor que ela sente, então temos que descobrir que ponto é esse da sua alma que está tão vulnerável.

Como terapeuta, tento ajudá-la nesse processo de expor a dor que sente. Se tem baixa auto-estima, ela sabe que entrar em contato com as suas verdades pode ser muito doloroso. É como tocar diretamente em um tecido que fica abaixo da pele, que é sua capa protetora. Impossível não sentir muita dor, já que o ferimento está exposto, sem qualquer elemento que o proteja. É absolutamente natural que a dor seja potencializada. Como a pele que entra em contato com os agentes agressores do exterior, a temperatura e o ar, a ferida da alma da mulher entra em contato com os agentes agressores do mundo à sua volta.

Não é fácil para ela averiguar o que passou, viveu ou provocou em si e no outro. Para reconsiderar a baixa auto-estima, é preciso ter um mínimo de força para agüentar. Por isso, as terapias de modo geral vão no ritmo do paciente. Às vezes, de forma intensa. Outras vezes, é preciso abrandar o processo para que a pessoa possa agüentar os trancos sem entrar em crise, considerando suas condições de regenerar defesas para continuar seu processo de autoconhecimento.

Se as mulheres conseguissem trabalhar essa questão da auto-estima sozinhas e aprendessem a gostar de si mesmas, independentemente da vontade do homem, poderiam caminhar mais leve, porque a própria vida faz esse movimento de chacoalhar, comprovar e apaziguar. A vida ensina para quem agüenta ser ensinado. Mas é necessário lidar com as alterações decorrentes de uma mudança significativa na qualidade da auto-estima. Mudar, dispor as coisas de outro modo, requer trabalho, empenho e coragem, porque, ao remover um sentimento de um lugar específico, colocam-se em movimento outros que já estavam acomodados em relação a esse, cristalizados, sejam eles bons ou ruins.

Uma mulher que tenha sido desvalorizada pelo homem que ama, quando consegue melhorar a auto-estima, traz à tona toda a baixa auto-estima que ficou reprimida, toda a dor por não ter sido querida, valorizada e desejada como merecia.

Essa reação se dá numa pressão de jato de petróleo que jorra para todos os lados. O resultado é que a mulher tende a agredir quem a massacrou, tirando a desforra. O problema é que, ao tirar a desforra, ela está agredindo a si mesma, porque está atacando o seu objeto de amor.

Se a mulher diz que o homem é o causador do seu sentimento doloroso, significa que, naquela região da auto-estima, ela está doída e pode tentar aliviar essa dor agredindo. Só que toda ação gera uma reação. Se a reação for positiva, ela responderá com amor; se for negativa, ela responderá com ódio. Se a contra-reação do homem é positiva, ela conquista o que mais precisa, que é o amor. Se a contra-reação do homem é negativa, ela perde o que mais precisa, que é o amor.

O caminho da agressividade, do ódio, é um caminho autodestrutivo. A mulher reprimida e com baixa auto-estima gera uma mulher autodestrutiva que não se estima, não se dá valor.

Mas há de se ressaltar: um mergulho na própria alma só é possível quando a mulher está com boa auto-estima. Quanto melhor a auto-estima, mais ela caminhará no sentido de reconstruir sua essência, reencontrar a mulher que ela é naquele núcleo mais essencial. Do contrário, pode emperrar em uma dessas etapas e ficar patinando em sensações, sentimentos e pensamentos autodestrutivos.

DESENHANDO UM NOVO MAPA: MUDANÇAS RUMO À INTEGRAÇÃO

Descubra as raízes da sua agressividade

As mulheres precisam, ainda hoje, reaprender a baixar a guarda, a não ficar tanto na defesa, ou no ataque, como se fossem inimigas dos homens. Deixarem de estar "resguardadas" para qualquer ameaça dos inimigos, mas, sim, preparadas para o enfrentamento com eles. Mais que isso, tanto homens como mulheres precisam reaprender, com conceitos atualizados, como se respeitar. Um tem muito a ensinar ao outro. É nesse patamar de nova reflexão e novo posicionamento do masculino e do feminino que se estabelecem atualmente as relações de gênero.

Há muito a expressão redutora de sexo forte e sexo frágil deixou de dar conta – se é que algum dia deu – da complexidade da definição homem–mulher. Todos temos nossas ambivalências emocionais e físicas: coragem e medo, fragilidade e força, razão e emoção. É do equilíbrio desses opostos que o ser humano se constitui, mas eles não definem mulher ou homem.

Não é no plano cartesiano mulher-fragilidade/homem-força que se estabelece a questão dos gêneros. Esses estereótipos redutores estão completamente equivocados. Uma mulher não pode ser taxada de "masculinizada" só porque é ativa ou ambiciosa. Toda mulher é feminina e pode ser forte e feminina ao mesmo tempo, sem que para isso precise "emprestar" essa força do homem, como se usurpasse esse lugar.

Mas para que esse re(outro, novo)posicionamento seja possível, esse novo lugar seja conquistado, a mulher deve procurar o seu ponto de equilíbrio. Se, por necessidade ou vontade, ela ocupar, temporária ou definitivamente, lugares, cargos e papéis antes restritos aos homens, deve fazê-lo por um genuíno desejo seu, sem achar que o homem está lhe fazendo um favor, sem se sentir culpada por ocupar um lugar que era dele.

O importante é que as mulheres se conscientizem de que não existe melhor ou pior, certo ou errado. Não podemos trabalhar com essa visão maniqueísta, porque o ser humano e a vida são absolutamente plurais. O bom é a harmonia. E o ruim está na crítica. A harmonia tem o potencial amoroso.

A crítica só vai desenvolver a competição. Competição e harmonia são incompatíveis. Competir gera agressividade e leva à destruição do vínculo, quando não engloba também a autodestruição.

Em muitos dos trabalhos terapêuticos e pesquisas que realizei, a questão da agressividade feminina aparece com freqüência entre as principais queixas dos homens. Eles vêem nas mulheres esse tipo de resposta, percebem que não as satisfazem, e que é dessa maneira que elas denunciam isso a eles.

A agressividade é uma característica humana, como a raiva, a inveja, o medo, presentes tanto no homem quanto na mulher. Mas, antigamente, a mulher vivia sua agressividade de uma forma passiva, porque não podia se rebelar contra a sua condição de submissão aos homens. Ainda assim, podia expressar a agressividade reprimida no sexo, na educação dos filhos, na cozinha, no tratamento dado à família dele, ou seja, das maneiras mais indiretas.

Muitas mulheres ainda se comportam dessa maneira. Na aparência, são dóceis e submissas, mas encontram – porque precisam encontrar – uma outra forma de descarregar a sensação de opressão contida.

A mulher que faz "greve" de sexo está expressando sua agressividade. Às vezes, é a única maneira que ela tem de comunicar ao homem a sua insatisfação até mesmo por outras coisas que a estejam incomodando.

A mulher que cria para os filhos a figura do pai-monstro está agredindo seu companheiro. Pela responsabilidade que carrega, ela o acha monstro pela insensibilidade de enxergar e de lhe ser grato pelo imenso trabalho que tem com os filhos, mas, como não tem coragem de verbalizar a insatisfação, tenta aliviá-la por esse mecanismo.

A dona de casa que reclama que o marido desorganiza o ambiente doméstico está descontando sua raiva nele. Por trás dessa atitude está provavelmente uma tentativa de sinalizar o quanto ela está sendo invadida.

A mulher parece a "chata de galocha" por estar sempre querendo mais do homem. E, é claro, só quer e não dá, ou dá o que não serve, o que ela tem de pior, e o que ele não quer receber.

Ressentimentos

Mas, sem muitos esforços, se o homem chegasse mais perto da mulher, perceberia o quanto ela está mal, provavelmente por alguma falta que ele cometeu. Mal com ele, por causa dele, pelo que ele fez e pelo que não fez. Esse descontentamento vai se alastrando de um acontecimento específico para toda a relação.

Só que o homem está com os dois pés fincados no presente e às vezes não se dá conta de que a mulher está ressentida (está sentindo novamente) por causa do que ele falou para ela, ontem ou qualquer dia. Daí o fato de o homem não entender quando a mulher diz: "Você nunca diz que me ama", "Você sempre me critica", "Você nunca vai à casa dos meus pais".

A mulher que trata mal os familiares do marido ou do namorado está usando essa via como escape para demonstrar sua agressividade reprimida pela constante sensação de incapacidade que tem.

Em todas essas situações, o que está em jogo é uma agressividade passiva, ou indireta, digamos assim. Um comportamento mais identificável nas gerações anteriores, mas que ainda encontra um solo fértil para se reproduzir nas mulheres contemporâneas.

E há também os recursos que ela utiliza para tentar neutralizar a agressividade masculina. Uma das formas mais comuns é agir como uma menininha, falando fino e choramingando. Os homens, em geral, gostam dessa atitude, porque confirma a supremacia deles. As outras mulheres é que não suportam quando vêem esse tipo de comportamento em uma mulher, porque as percebem como manipuladoras.

Mulheres que agem assim podem até ter sido abusadas por homens anteriormente e até precocemente. Quando se colocam nessa posição de fragilidade total, mostrando uma dependência tão grande, infalivelmente causam uma culpa extrema no homem que o impede de abandoná-la. A possibilidade de ser abandonada reporta a mulher a uma dor muito antiga que ela nem sabe de onde vem. A mulher sabe apenas que não quer que seu homem vá embora.

Nos dias atuais, livre do estigma da submissão, a mulher pode encontrar outros espaços para expressar seu lado agressivo sem que para isso tenha de usar artifícios ou subterfúgios tão prejudiciais à relação amorosa.

A questão é que você, mulher, precisa se visitar, a si própria, ocupar quem você é. Você não pode deixar a sua casa vazia. Precisa habitar a sua casa inteira. Habitar o sótão e o porão, ampliar a sua residência, não pode haver quarto escuro. Você tem que ser capaz de saber em que lugares se sente melhor ou pior, mais confortável ou menos protegida, mais à vontade ou menos segura.

Observar os momentos em que sua agressividade aparece de forma mais evidente pode ajudar a encontrar pontos que estão doloridos, dos quais, às vezes, você nem se deu conta. Se a agressividade aparece como um quarto escuro, a melhor maneira de cuidar desse aspecto da sua vida é abrindo as janelas e jogando luz sobre tudo isso. Enxergando melhor, você será capaz de lidar com esse traço do seu comportamento de forma mais saudável e usar a agressividade a seu favor e não contra você.

Você verá como depois de atingir esse ponto de equilíbrio, se perceberá mais criativa, mais espontânea, tolerante aos imprevistos e às agressões do mundo externo. Conseguirá deixar passar ao lado ou saberá se defender melhor das balas de canhão que teimam em atirar na sua direção. Difícil? Sem dúvida. Quanto mais treinada estiver a sua coluna vertebral, mais você será capaz de se manter de pé, estruturada e confiante para dar saltos, se agachar ou levantar conforme o que vier em sua direção.

Toda a nossa viagem tem como objetivo básico fazer com que você se conheça melhor. Até aqui, fomos desenhando traços e partes que compõem o seu mapa. A idéia era de que você conhecesse em detalhe várias partes desse imenso quebra-cabeça. Agora, meu convite é para que você comece a integrá-las, a perceber o sentido do todo que está por trás dessa busca. Ao se ver totalmente, você se perceberá mais forte, flexível e completa. É como se, depois dessa longa viagem, você encontrasse um lugar apaziguador onde tudo tem sentido. Em outras palavras: a alma.

9
A geometria da alma feminina: integrando os vértices

Vértice: ponto comum a duas ou mais retas.

Uma das estrofes de um famoso poema de Gregório de Matos diz:

O todo sem a parte não é todo
A parte sem o todo não é parte
Mas, se a parte o faz todo, sendo parte
Não se diga que é parte sendo todo.

A parte sem o todo não é parte

A mulher não consegue se ver por inteiro e, por isso, às vezes, pode tomar uma parte sua pelo todo. Ela se enxerga por fragmentos. Se a vida sexual não está indo bem, ela logo amplia e pensa: "Não devo ser atraente para nenhum homem". Se ela teve um momento de impaciência com o pai ou a mãe doente, logo generaliza e diz: "Sou uma péssima filha". Para que se sinta uma mulher mais inteira, portanto, ela precisa ser reconfigurada a todo momento, como um quebra-cabeça, pois cada situação de vida pede um rearranjo dos seus atributos, reformulando então a conotação de si mesma.

É importante compreender que o sentido da existência da mulher vai se transformando a cada fase de sua vida. Eventualmente, a cada momento:

que pode ser a cada ano, a cada mês, a cada semana ou a cada período do seu dia. Uma nova mulher ressurge sempre.

Se tomarmos o dia, as 24 horas, como uma unidade em que esse sentido se altera – para uma mulher, casada ou não, e com filhos, que trabalha fora e ainda administra a casa de alguma forma, por exemplo –, veremos que, em cada momento desse dia, ela pode estar muito mais focada em uma atribuição do que em outra.

Mas nem sempre ela consegue compreender que o fato de estar 'trabalhando fora não significa que deixou de ser mãe naquele momento, mas, sim, que o seu fluxo de energia está concentrado naquela função naquele período, por exemplo.

Se, na hora em que está vivendo o papel profissional, a mulher for capaz de enxergar essa alternância como algo natural e necessário e tiver a consciência de que ela pode mudar o curso desse fluxo a qualquer tempo, terá muito mais condições de executar bem seu trabalho sem confundir os papéis. Digo isso no sentido de poder compreender que aquela função que a toma de uma maneira mais ampla, em detrimento de outras, não a deprecia como um todo. Assim, ela terá mais tranqüilidade nos momentos em que estiver dedicada à sua função de filha, mãe, esposa ou o que seja.

Entretanto, para que isso seja possível, é fundamental que a mulher se conheça mais profundamente. Já vimos nos capítulos anteriores vários aspectos da alma feminina ao observar juntos e analisar traços históricos, sociais, culturais e comportamentais do seu gênero.

O todo sem a parte não é todo

Minha proposta agora é mostrar por um outro ângulo como se dá o movimento contínuo de expressão da alma feminina e de que maneira a mulher pode se apropriar desse conhecimento para viver melhor consigo mesma, estando mais integrada num todo.

A GEOMETRIA DA ALMA FEMININA:
INTEGRANDO OS VÉRTICES

Para tanto, inspirado nos ensinamentos de Theda Basso, da psicologia transpessoal, vou localizar anatomicamente o fluxo dos seus atributos principais, simbolizando cada parte do ser feminino em um triângulo. O primeiro passo nesse sentido é imaginar o desenho de um corpo feminino esquematizado com a forma de triângulos colocados uns sobrepostos aos outros, como mostra a figura a seguir.

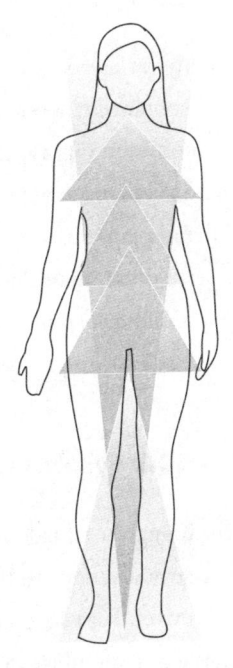

Note que o primeiro triângulo engloba as pernas; o segundo, a região do quadril; o terceiro, a área do estômago; o quarto, o tórax. Aqui temos um ponto de partida para entender como se dá o funcionamento da alma feminina e o que representa cada uma dessas regiões na constituição do seu ser.

Quando a mulher entende a sua geometria, percebe que determinada parte dela (que corresponde a um desses triângulos) pode estar numa função mais evidente e ativa em certa fase da sua vida ou período do seu dia, mas que, enquanto isso, as outras funções se mantêm acessíveis e poderão ser despertas assim que ela necessitar ativá-las.

A mulher que consegue localizar todas essas instâncias de si mesma conseguirá fazer a passagem de um papel ao outro com mais tranqüilidade e harmonia sem se atrapalhar tanto, sem entrar em angústia com tanta freqüência como já vimos que acontece. Saberá que uma função em relevo não anula nem deteriora as outras e que o todo dela continua existindo junto, independentemente do papel que ela desempenhe naquele momento. É só uma questão de ativá-la.

Se a mulher conseguir incorporar esse saber, resolverá o maior de seus problemas, que é o conflito de se cobrar o tempo todo por aquilo que ela não está fazendo num determinado momento ou fase da sua vida. Ela passará a vivenciar algo que estava "siderando" em torno dela (girando no seu entorno), mas ainda não tinha sido considerado por ela.

Para isso, gostaria de propor que examinássemos juntos o que representa cada uma dessas partes da alma feminina, aqui simbolizadas didaticamente em triângulos.

O triângulo da base e a sobrevivência

Quando a gente fala do primeiro triângulo, situado na região das pernas, estamos falando daquilo em que você se apóia, que também é o que lhe permite ir atrás do que você precisa para sobreviver. Por isso, está representado anatomicamente na região das nossas pernas e pés, membros que nos dão a sustentação e nos enraízam na terra. É a região que nos liga às nossas necessidades materiais.

Quem tem as energias estagnadas nesse triângulo provavelmente está desempenhando exclusivamente esse papel de sobrevivência. É o caso da mulher que vive e trabalha braçalmente, executa bem suas funções profissionais, mas não entra em contato com o que ela sente. Isso não depende do fato de ela estar envolvida em atividades que requerem força física do ponto de vista concreto, mas, sim, do fato de ela utilizar sua energia física no que faz. Ela apenas faz, suporta a carga, carrega. Não que não seja capaz de atingir as esferas mais sutis do gerar, do sentir e do pensar, que estão localizadas em outros triângulos. Mas ela não foi treinada para isso, colocada em contato com isso, ou não está tendo a oportunidade de mobilizar essas outras energias, porque está de fato ocupada em sobreviver.

Quantas mulheres vivem nessa condição, trabalhando fora, carregando a responsabilidade de sustentar a família, seja porque são sozinhas, seja porque o parceiro não tem as mesmas condições delas para assumir essa tarefa. Ou aquelas mães que trabalham em casa, sem descanso, cuidando de tudo, porque se sentem na obrigação de corresponder na mesma proporção à luta do marido para prover a família.

Nos dois casos, é muito provável que essas mulheres sejam pouco dadas a afetuosidades e à expressão de seus sentimentos. Algumas, por pura falta de treino. Outras, porque não querem perder tempo com algo que está fora da sua preocupação principal.

Em casos assim, fica claro que o atributo do fazer material, simbolizado pelo primeiro triângulo, inundou de tal forma a vida da mulher que ela se tornou incapaz de enxergar suas outras instâncias, necessidades e potencialidades.

Necessidade de trocas afetivas constantes

O segundo triângulo, na área do quadril, que envolve o baixo-ventre e os genitais, é a representação das necessidades emocionais básicas, de ser olhada e de ter reconhecida a necessidade de afeto. Na mulher, envolve o útero, órgão do acolhimento, da geração, da nutrição. Como está ligada ao emocional, é ao mesmo tempo a região onde moram sentimentos como abandono, rejeição, frustração, raiva e ciúme, nossas emoções básicas.

Uma mulher que está intensamente concentrada nessa área é aquela que vive, por exemplo, muito intensamente, ou exclusivamente, o papel de mãe, cuja vida, cujos sonhos e cujas realizações se confundem a tal ponto com os filhos que ela quase deixa de existir. Seria o correspondente a uma *"mother-holic"*.

Ou aquela mulher que acolhe todo mundo, que nutre toda e qualquer pessoa que precise da sua ajuda, por vezes pela simples necessidade de ser olhada e reconhecida por aquilo que faz para o outro. Vimos alguns traços dessas mulheres quando evidenciamos um perfil exagerado dessa característica que ocorre na mãe em tempo integral e na cozinheira que precisa desesperadamente dos elogios aos seus pratos para se sentir valorizada.

Outras vezes, quem tem a energia estagnada no segundo triângulo, pode assumir o perfil da mulher que não tem os pés no chão. Lembremos que o triângulo que teria a função de dar a ela essa ligação com a terra, com o material, é o primeiro, e agora estamos falando do segundo triângulo.

Quando está muito vinculada a essa segunda instância, a mulher pode assumir um comportamento como o de quem nega a realidade. É quase como se ela vivesse a vida de dona de casa como quando brincava de boneca. É abnegada e nutridora, mas abstrai o fato de que precisa sobreviver materialmente, socialmente, intelectualmente.

Por essa mesma estagnação do fluxo das suas energias, a mulher também pode devanear do ponto de vista sexual, confundindo a esfera do real com a do seu imaginário. Ela pode querer vivenciar a sexualidade como nos filmes que vê, com músicas de fundo e um homem de alta *performance* que a conduza a um nirvana, que, em geral, é apenas uma fantasia ilusória.

A cada aproximação de homem real, seja marido, namorado ou paquera, com qualidades e defeitos, essa mulher vai se frustrando e não consegue desfrutar do relacionamento concreto que tem – ou poderia ter – porque está presa a fantasias, idealizando homens irreais ou inacessíveis. Ou, então, ela aceita a relação que a vida lhe oferece, mas interpreta o tempo todo que o seu homem tem apenas interesse sexual por ela. Ele não é como os homens românticos e dedicados que ela vê na televisão. Com o passar do tempo, essa impressão vai gerando a sensação de que está sendo usada, de que seu homem não a ama, e isso faz com que a energia dessa região fique ainda mais represada e reprimida e ela se sinta menos amada, menos mulher.

Não prossiga com a leitura por mais que você esteja interessada no que está lendo. Pare e reflita sobre o que você leu: "Eu sou assim? Quero ser assim?".

Se está frustrada com uma série de situações que a estão desgastando de um jeito que você nem sabe por que, é melhor refletir: "Eu sou a mulher que quero ser? Estou vivendo como eu queria viver? Estou correndo atrás do quê? Estou vivendo a vida ou estou consumindo a vida?".

Como escrevi anteriormente, a mulher que está totalmente envolvida no que faz para o outro se mistura no que é para o outro, e às vezes nem se reconhece diferente do outro, não consegue fazer a separação entre o que ela é e o que o outro é. É o caso da mulher que trabalha e tem sua identidade pessoal misturada com a do seu chefe. Ou seja, aquela para quem a vida do chefe se transforma na sua vida. Tanto e de tal forma que ela acaba perdendo o contato consigo mesma, com o que é como mulher.

Para reverter tal situação, essa mulher precisa ter a segurança de que pode parar. Ocorre que não é raro que ela faça confusão entre parar e morrer. Afinal, parar, pensar, refletir e tentar criar um novo caminho pode, de alguma forma, lhe dar a sensação de que ela está "matando" uma parte de si. Como fica presa ao medo da perda, com o que não existirá mais – que ela não compreende que na verdade nunca existiu –, ela prefere não parar nunca. Em geral, isso acontece quando há uma falta muito significativa, algo que deixou uma lacuna dentro dela.

Cada crise oferece em si uma possibilidade de transformação, cada transformação traz em si a chance da renovação. Quem não transforma, aí, sim, morre do ponto de vista da evolução na vida. Pelo medo do descontrole, do desconhecido, as pessoas tendem a fugir da transformação, por isso se repetem tanto. Elas apenas consomem a vida, de uma forma desmedida. É como aquelas pessoas que comem desmedidamente. Elas não estão comendo porque precisam de comida, e o mesmo vale para a bebida, a droga, o trabalho. Daí vem a expressão "se matar de trabalhar".

Por isso, pedi para você se enxergar, parar e se rever. Refletir sobre os aspectos que lhe foram apresentados neste livro até agora e observar em que medida eles se aplicam a você, à vida que está levando.

É importante que você se faça algumas perguntas: "Faço isso para quem? Vou deixar mais para quem? Preciso ter um carro melhor por quê? Qual é a vida que eu quero para mim de verdade?".

Se, depois de respondê-las, você decidir mudar, saiba que mudar é um imperativo da existência. Se o sentido da sua existência não se resume a ganhar mais dinheiro, talvez você deva repensar se precisa trabalhar tanto. Agora, quando você está aliando ao trabalho a nutrição do seu ser e consegue crescer e se desenvolver como pessoa, não quer nunca parar de trabalhar, porque, por trás do trabalho, está a possibilidade de estudar, conhecer, viver, e é provável que não precise mudar isso.

O papel organizador

O terceiro triângulo representa o nível formal da existência, englobando a região do estômago, do plexo solar, do diafragma. Quando uma mulher está vivendo nessa esfera, ela se coloca na função de regulamentar, seguir os regimentos do dever e atender às demandas que lhe são atribuídas sem se importar se isso realmente lhe faz bem e está de acordo com as suas necessidades materiais ou emocionais.

Nesse caso enquadram-se aquelas mulheres que lidam o tempo todo com aprovação e recompensa. Estão presas nesse reino de julgamentos e comparações, onde o fluxo da energia viva sofre a limitação da cultura social em busca de segurança por meio do controle.

São as mulheres que podem fazer a economia doméstica, cuidar das contas da família, planejar a rotina da casa, organizar a vida do marido e dos filhos. Ou então podem ser ótimas administradoras, dão conta de tudo, estão sempre com o trabalho em ordem, são eficientes em prover as necessidades dos superiores e até mesmo de se antecipar aos seus menores desejos. Ou podem ainda ser identificadas entre as executivas que detêm as grandes contas nas agências em que trabalham, entre as professoras brilhantes ou advogadas implacáveis.

Mas, em geral, elas ficam amarradas à crença de que são eficientes num papel só. Por isso, raramente se permitem o envolvimento em atividades nas quais não se sentem seguras. É provável que não suportem a idéia de serem vistas como as que não sabem, as que não alcançam a resolução ou o resultado final impecável. São adeptas do time que chora apenas com o travesseiro ou trancada no banheiro, longe dos olhos e da comoção alheia.

Essa mulher se torna uma cumpridora de tarefas, e essas tarefas passam a se confundir com a sua identidade. A identidade dela depende quase exclusivamente do desempenho reconhecido socialmente: se o chefe a aprova, se a família a admira, se as colegas de trabalho invejam sua performance nos negócios. Mas ela está totalmente limitada no contato com seu mundo interior e, às vezes, essa mulher cumpre a agenda do trabalho, de casa, da família, dos amigos, mas tem uma angústia que não arrefece. Quando se escuta mais profundamente, ela percebe a desarmonia na sua estrutura, que aqui a gente denomina como estrutura geométrica.

Se esse é seu caso, talvez você devesse parar e refletir um pouco sobre os momentos em que precisa estar voltada para si e não para os outros. Ser *workaholic* não é um problema. Você pode trabalhar muito se esse trabalho a preenche e lhe dá uma sensação boa de amplitude e realização. O problema é ser dependente do afeto que o trabalho lhe dá e longe dele ser presa de um enorme vazio em relação a outros aspectos da sua vida.

A capacidade de amar

O quarto triângulo, localizado na região do tórax, onde estão o coração e o pulmão, é o campo da vivência do amor. Representa a capacidade de poder integrar as emoções a tudo o que se vive. Essa vivência transcorre tanto melhor quanto mais as áreas anteriores estiverem integradas. Mas também aí pode haver estagnação da energia, que, em excesso, desencadeia um comportamento patológico.

Mulheres que estão com essa esfera em desajuste e desintegrada das outras colocam todas as suas fichas na necessidade amorosa e, às vezes, se esquecem de dar o devido valor e lugar em suas vidas a todos os outros campos dos quais falamos anteriormente.

Exemplos disso podem ser observados em mulheres que têm de tudo: marido dedicado, filhos saudáveis e amorosos, estabilidade financeira e até mesmo um trabalho interessante e, no entanto, se sentem absolutamente infelizes, porque não alcançaram o ideal amoroso que criaram no seu imaginário. Esse tipo de mulher só fica feliz quando está num relacionamento amoroso estável e intenso, quando se sente realmente amada.

O problema é quando a mulher acha que o amor que precisa vem só do outro. Então se desespera, cobra do parceiro o amor que lhe falta e, nessa busca frenética, sem perceber, agride, afugenta e não cria condições para ser amada.

Mas o que ela não percebe é que o que mais quer o outro não lhe pode dar, porque o amor que ela precisa depende da sua capacidade de se autonutrir e de se harmonizar com a própria essência.

A identidade amorosa vem em função do que a mulher é para o outro. Ela só sossega se sente que o outro prova o amor dele. Mas a prova do amor do homem importa apenas na medida em que a mulher se percebe amada e aí confirmada. Ela não vive o amor com liberdade. Ela vive o amor como algo que a aprisiona no outro. Tem a insegurança de que o outro não a quer, porque ela própria não tem amor-próprio, amor por si mesma.

Auto-estima é estimar a si mesma. Amor-próprio é amor por si mesma. Aquela que coloca no outro a sua necessidade amorosa não ama a si mesma. A pessoa que vive o amor se desprende. É um "amor verbo intransitivo". Não tem condicionais, como "se" ou "mas".

A mulher que consegue se desenvolver e organizar esse seu campo amoroso de forma não violenta, sem tentar encarcerar o outro ou ficar seqüestrada pelo outro, se torna mais segura e capacitada para atrair amor para si. Sem conhecer nem saber lidar com a energia que transita nessa esfera da sua vida, ela não conseguiria se sentir estável, não teria a sensação plena de estar sendo amada. Quando não integrada, reconhecemos a mulher que consegue amor quase sempre violento e abusivo.

Quando essa região da alma da mulher está harmonizada, ela fica protegida na sua relação com o mundo, pois desenvolve o amor-próprio. Ela ama a si mesma, como ela é, como se vê, como vê as próprias limitações, e ao mesmo tempo está ordenada e afinada com a sua essência.

Quando somos crianças, aprendemos a lidar com o amor como uma relação de troca e recompensa. Se a gente estuda... Se a gente obedece... Mas, se não fizer tudo certinho... No fundo, isso serve para aprender a socialização, não para aprender o amor. Só que se relacionar não precisa necessariamente estar associado ao amor, por melhor que você seja. Quem vai estar mais perto de você é você mesma. O grande amor da sua vida é você mesma.

O mental e o espiritual

Existe ainda uma área que também abrange o mental e o espiritual. Ela representa a inteligência que dá origem e vai além da razão e da lógica, que nos permite descobrir as leis ocultas da natureza e suas formações.

Nessa região, está situada a capacidade que a mulher tem de entender o que está ocorrendo em sua vida em cada uma das esferas que a compõem e nelas todas ao mesmo tempo. Revela o nível de autoconhecimento e as possibilidades que ela tem de, com base nesse conhecimento, se desenvolver, ganhar novos espaços, nova amplitude.

Quando falamos do entender, estamos falando em discernir o que é para ser vivido naquele momento, naquela situação ou naquele relacionamento. Ou seja, saber onde estão as diferentes áreas de suas potencialidades, como as retas que indicam a ponta de um dos triângulos, o início do outro e a capacidade de mantê-los todos equilibrados e unidos mesmo nos momentos de instabilidade da sua vida.

Isso significa uma mulher que consegue transitar pelo mundo sem se atrapalhar no que faz, no que produz e na organização de sua vida quanto mais integrado estiver tudo isso aos seus sentimentos amorosos.

Ela segue o fluxo dos acontecimentos, acompanha as mudanças e as variações de tudo, podendo apreciar diferenças e singularidades. Não apressa mais o rio da vida, porque percebe que ele corre sozinho. Não resiste às mudanças, ao contrário, se dispõe a tirar um aprendizado daquilo que vive.

Moisés recebeu de Deus a mensagem: "Eu sou a Luz". Com essa luz, ele iluminou todos os seres humanos. A luz representada pelo triângulo que aponta para baixo traz o sentido divino, que vai iluminar a essência divina em cada um, o ser essencial. E, como todos nós somos uma partícula dessa luz, todos temos uma partícula dessa luz que se instala na alma por meio do amor. A alma concretiza o que a gente recebe na vida além do físico. Aí é que está a diferença. Quando dizemos que uma pessoa é iluminada, é disso que estamos falando. De uma pessoa que permite que a luz que ela traz em si resplandeça e ilumine a sua vida e a vida de quem a cerca.

Muitas mulheres dizem estar perdidas, no escuro, justamente porque não estão conseguindo se iluminar, porque não estão em contato com a alma. Por isso, a mulher, quando se perde do amor, se perde de si mesma.

A mulher precisa aceitar que sua alma vai se manifestar de várias maneiras, que ela vai variar, de acordo com sua vibração, com o que ela vive, como vive, com o que vive ou com quem vive. Se suas relações com o mundo a fazem se sentir uma bruxa, será com respostas dessa vibração que ela terá que lidar: amarga, amaldiçoando a vida, blasfemando, infeliz.

Como dizem alguns, se ela vive como um querubim, se permeia a vida de uma maneira angelical, vai se sentir o tempo todo iluminada pela luz que ilumina os querubins, e essa luz vai refletir o que ela recebe e vai inspirá-la para doar o que reluz dentro dela.

É claro que, quando se depara com essa visão global, profunda, complexa, você diz: "Como é difícil dar conta disso tudo! Só mesmo se eu fosse uma supermulher!".

Nessa hora, vou pedir que imagine um triângulo de luz vindo sobre você, lá de cima, lá do alto, onde simbolicamente o divino está, este SER SUPER que você imagina que deveria ser. E, se deixando iluminar por essa luz, com base nessa visão que integraria todos esses triângulos que mencionei, você estará vivificando, tornando vivos os seus campos de consciência. Deixando os fluxos ascendentes e descendentes, os triângulos apontados para cima e o que aponta para baixo se realizarem no seu interior a ponto de você ficar livre do medo e do condicionamento para você simplesmente e vitalmente ser. Ser a sua essência. Vivenciar o que é essencial em você. Ser quem você é. Agir como você é. E viver segundo um único símbolo, uma única geometria: a geometria do amor.

10

A mulher mais integrada com sua essência: encontrando seu núcleo

Núcleo: aquilo que está no centro, que gera, replica e contém as informações genéticas.

Tudo o que trabalhamos até aqui, neste livro, teve o intuito de iluminar as várias partes que a compõem. Nesse percurso que fizemos juntos, os meus estudos e as minhas experiências de vida serviram de bússola para localizar os aspectos mais íntimos da mulher. O que só foi possível por eu estar sempre atento ao que minhas (e meus) pacientes trazem dentro deles: mulheres falando delas mesmas e de como vêem os homens, e homens tentando dividir comigo suas dificuldades consigo mesmos e com as mulheres.

Compartilharei com você a bagagem que apresentei dos principais contornos do feminino para atualizá-la com os paradigmas do passado, que precisam ser deixados para trás. Isso porque, se a mulher não se renova, é como se ela não fertilizasse o solo à sua volta, onde nasceriam árvores de outras qualidades, cercadas de uma vegetação renovada. Para isso, trouxe você até aqui.

Também procurei fazê-la enxergar as áreas que foram devastadas e que, ainda assim, podem dar lugar a novas áreas regeneradas. Quando se renova, a mulher se depara com a possibilidade de construção de uma nova história, um novo percurso e uma nova vida.

No balanço do que se perde e do que se ganha, eu lhe ofereci novas oportunidades de ampliação das suas fronteiras, apontando os obstáculos que você precisa ultrapassar no seu tempo presente. Tentei conscientizá-la de que

A MULHER MAIS INTEGRADA COM SUA ESSÊNCIA: ENCONTRANDO SEU NÚCLEO

os modelos em que você pode estar acostumada a se basear – fundamentados em mitos cristalizados em símbolos como fragilidade, desconhecimento, infelicidade e sofrimento – podem não lhe servir mais.

Partindo de vértices para caminhos divergentes, dei a você algumas coordenadas para um novo roteiro. Para isso, precisei tocar em pontos doloridos. Mas, como na acupuntura, que atinge as dores do corpo visando à melhora e ao alívio dos sintomas e das doenças, dei a você a oportunidade de libertar a sua alma da necessidade de se manter insatisfeita e infeliz.

Escutamos muito freqüentemente, tanto dos homens quanto das mulheres: "Mas, afinal, o que é que a mulher quer?". Por trás dessa pergunta está o questionamento de como satisfazer a mulher. Mas não dá para querer satisfazer sem saber quais são os seus desejos e sonhos, o que existe dentro dessa mulher que a move em direção a algo, a algum lugar ou na busca de alguém que a complemente.

Seguindo por esse caminho, apontei algumas das questões centrais da insatisfação feminina, com o que foi possível atingir por via indireta as áreas em que estão localizadas as suas principais necessidades. O compasso, aquele instrumento usado no nosso aprendizado do desenho geométrico, que utilizamos para tomar essas medidas, oferece não só a medida da distância entre dois pontos – entre o que ela quer e o que precisa, entre onde ela está e onde quer chegar –, mas também a possibilidade de criar círculos concêntricos.

Ou seja, nos permite ampliar a percepção dos campos que circundam os seus desejos, potencializando seu raio de alcance, isto é, em um só ponto a mulher está paralisada. Se a gente imagina apenas uma reta, ela nos dá o trajeto que a mulher teria de fazer para ir de um ponto a outro. Mas, se a gente utiliza o compasso para marcar o centro e imagina que depois esse compasso vai girar em torno desse centro e configurar um círculo, estamos mostrando que há uma área muito maior para a expansão e a transformação dessa mulher. Quanto maiores os círculos, maior a ampliação da área em questão.

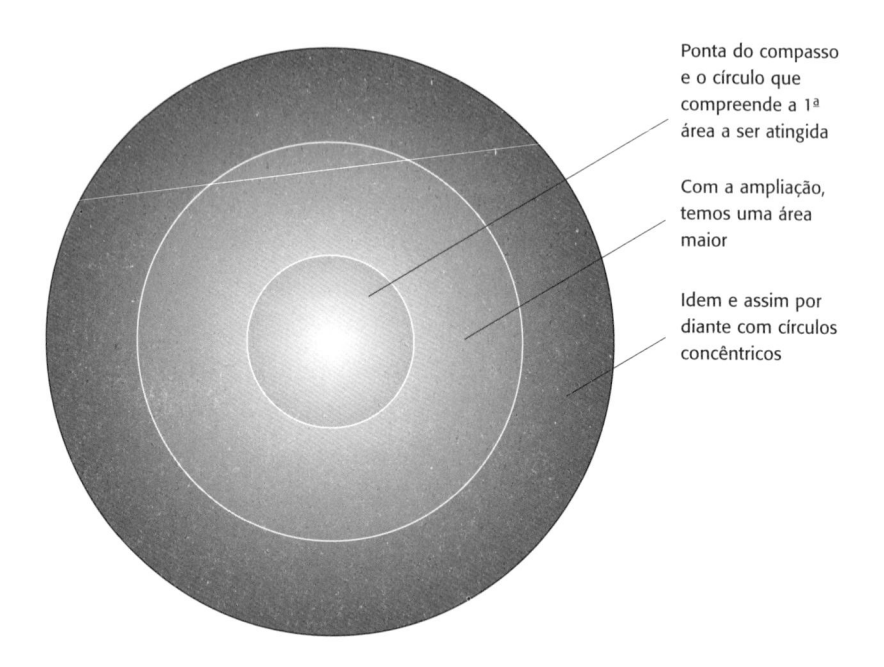

Ponta do compasso e o círculo que compreende a 1ª área a ser atingida

Com a ampliação, temos uma área maior

Idem e assim por diante com círculos concêntricos

No entanto, esse instrumento de medida, tão utilizado na engenharia e na arquitetura, que tem a forma física de um ângulo, um vértice e duas pontas, os quais apoiamos, por exemplo, numa folha de papel, também é uma terminologia musical. A música é composta por vários compassos que, por intermédio das notas, lhe dão ritmo, valores, harmonias e nuances de interpretação. Esse mesmo compasso que marca o ritmo é o elemento que nos indica os movimentos que precisamos criar para dançar. O compasso orienta, de certa forma, a música. Esta, por sua vez, nos orienta e inspira para dançarmos e nos movimentarmos por meio do seu som.

Utilizei essas duas imagens para simbolizar o potencial de ampliação dos espaços exteriores e interiores que podem ser alcançados pela mulher, mostrando que eles são muito mais amplos do que uma reta que une dois pontos ou do que um ritmo musical repetitivo e restritivo. Assim é a mulher e suas possibilidades de transcender seus espaços.

Estar no lugar não é o mesmo que estar no papel

Lembre-se de que nem sempre se está em um lugar e se está no papel correspondente a esse lugar. Você pode estar no lugar da filha, mas é a mãe ou vice-versa. Você pode morar com alguém como esposa e fazer o papel de filha, e o mesmo acontece em relação à sua vida profissional ou em outra situação qualquer na qual você ocupa o espaço, mas não o preenche na devida proporção.

Portanto, uma mulher que consegue abarcar os conceitos de pontos, áreas e ritmos, assim como recolher todas as informações que tem dentro de si, consegue desenhar um novo mapa para a sua vida e viajar, ocupar o seu lugar e desempenhar o seu papel. Permitir-se viajar é dar uma nova oportunidade para a vida, transformando-se tantas vezes quanto for possível, ampliando-se tanto quanto necessário. Assim, ela vai tocando mais fundo sua alma para atingir as diferentes moradas dos seus desejos.

Ou seja, ofereci a você uma noção de como se tornar mais capacitada a desenvolver a maior parte dos papéis pelos quais é tão solicitada sem se perder. Porque esse reconhecimento da sua geometria emocional lhe permitirá reconhecer suas medidas e seus espaços, mudar ou adaptar o que for necessário para integrá-los. Aliás, a palavra "geometria" tem relação com a medida (*metros*) e a terra, o espaço (*geo*).

Perceber e transformar

Com essa maior capacidade de se perceber, assim como o que e quem está a sua volta, vai ser mais fácil também visualizar o que você quer transformar, tanto fora quanto – o que é mais importante – dentro de você.

Quando falo que uma mulher integrada atinge uma ampliação tanto para o mundo, por meio de seus papéis, quanto para a sua conexão mais nuclear, mais central, estou propondo a conceituação de que a mulher é um ser que vai muito além dos papéis primários que exerce, seja como filha, mãe, namorada, esposa ou profissional.

Quando vamos ao mais profundo, ao seu núcleo mais interior, atingimos a alma. Essa alma feminina, ou o termo que você quiser usar para se conectar com a sua essência como mulher, é onde estão muitas respostas sobre o sentido da sua vida. Ao ultrapassar esses papéis primários, a mulher se conecta com uma dimensão do ser essencial, que proporciona o encontro com o seu ser universal. Ela então harmonizou as diferenças, conciliou os contrastes, desmistificou crenças e mitos e se liberou dos condicionamentos do passado. Deixou para trás o que não serve mais, o que nem sabe por que carrega, coisas que aprendeu e não usa mais.

Quando isso ocorre, vemos o ser essencial em seu processo de desenvolvimento, abandonando suas envolturas, suas amarras, muitas vezes representadas por crenças, traumas e condicionamentos. Despertando em maior ou menor plenitude, capacita-nos a uma maior ou menor realização de nossos desígnios e nossas esperanças.

Por meio desse desenvolvimento pessoal, você vai ocupando o espaço individual e o espaço transpessoal – além do físico, além do pessoal –, que é a transcendência, a fim de se ampliar em direção à totalidade, ao ser essencial. A partir daí, você, essa mulher, se amplia como uma luz que vai da sua tênue energia luminosa à resplandecência da intensidade luminosa de uma estrela.

Você alcança o lugar onde cada um se encontra consigo mesmo e se sente mais inteiro e confiante, percebendo o seu papel e a sua função, participando de uma ordem natural e universal. Aliás, natural... Você se lembra de quando se sentiu natural a última vez?

Queremos que cada um encontre o natural, a sua verdadeira natureza, e que o Ser que é se desperte no viver cotidiano. Isso significa um trabalho constante da atenção e da intenção, por meio das sensações e da respiração, percebendo e acompanhando o fluxo de energia da vida nos diversos níveis de consciência, em si mesmo e no outro. Identificando as impregnações e os bloqueios em cada área do seu Ser, com o que se apresenta perante si mesma e permitindo que a energia vital se mova segundo os desígnios do próprio Ser Essencial presente em cada um de nós.

APÊNDICE

Imagens que inspiraram
O mapa da alma feminina

O homem não tem uma gestação física, mas pode ter uma gestação mental. Escrever este livro foi um processo de gestação. Desde a concepção, e nas etapas de desenvolvimento, muitas imagens me serviram de inspiração. Essas imagens foram criadas a partir de conceitos que fazem parte da vida emocional da mulher e apareciam associadas às reflexões sobre esses temas.

Como não poderia deixar de ser, a isso se misturou a minha estrutura de pensamento, na qual formas, cores, sons, sensações e movimentos se mesclam para resultar numa cena que sintetiza a estruturação das minhas idéias.

Imaginem o prazer que é pensar, imaginar e visualizar todos esses conceitos. Por isso, listei aqui algumas dessas imagens para compartilhar com vocês meu processo criativo e para servir como referência para a leitura desse mapa. As imagens aparecerão descritas em dois planos, como poderiam aparecer no roteiro de um filme que se passa ao longo do livro.

Para cada cena, aparece primeiro o termo "externa", a partir do qual será descrita a imagem em seus detalhes mais aparentes: o cenário, os gestos e eventualmente uma fala da mulher. Em seguida, mostro a mesma cena olhada agora do ponto de vista "interno", ou seja, o que está por trás da imagem descrita.

Isso porque nem sempre, quando a mulher comunica alguma coisa, está trazendo à tona tudo o que ocorre dentro dela. É esse mundo interno feminino que estou traduzindo aqui, de maneira sucinta, mas que possa ajudar a ampliar a compreensão das almas femininas.

Para entender uma mulher, é preciso compreender mais do que o que ela diz, é necessário entender o que ela quer dizer. Esse querer dizer, que fica em segundo plano, nas entrelinhas do que ela diz, é o que estou trazendo aqui para o primeiro plano. O plano das sensações e sentimentos não ditos, mas que estão guardados no fundo da alma feminina.

O que está por trás das imagens que inspiram a alma feminina

Margarida e bem-me-quer, malmequer

Externa: Um jardim cheio de margaridas, um canteiro, uma menina despetalando a flor, singela... Sensação de passado. Essa menina despetalando a flor com uma musiquinha ao fundo. A voz dela vai embora e a música de fundo se mantém.

Interna: Esse é o desejo da menina-mulher de ser amada, que depende exclusivamente do menino-homem, do outro, de quem a aceita. Será que vai dar certo? Ele gosta de mim? Se ela, ao longo da vida, ainda mantém o padrão de deixar para alguém avaliar e decidir se vai ou não ficar com ela, continua no jogo da sorte, imaginando se algum dia ela vai ser aceita, já que a baixa auto-estima não lhe permite perceber o quanto ela é a que mais pode confiar em si mesma.

Orquídeas, as testemunhas

Externa: Flores na sala em que atendo meus pacientes nas sessões de psicoterapia. São testemunhas de muitos sentimentos e emoções. Guardam o mesmo sigilo do terapeuta. Quando as tenho em minha sala do consultório, elas me acompanham e lá ficam, ilustrando como cada pessoa tem sua particularidade e sua singularidade, mesmo que existam tantos outros tipos de pessoas, como existem as diferentes espécies e os entrecruzamentos das orquídeas.

Interna: As flores vão se transmutando de maneira invisível. A cada dia, milhões de células vão promover novos arranjos de acordo com o que a natureza indica como caminho ao crescimento e ao desenvolvimento. As orquídeas, sensíveis e ao mesmo tempo robustas e fortalecidas pela sua essência tropical, resistem ao seu ciclo de florescência. Transferidas de seu hábitat, presentificam-se perante os pacientes, que vão relatando seus amores e seus dissabores. Estão acompanhando e confirmando a existência da beleza de estar vivo.

O casamento da minha melhor amiga

Externa: Mulher olhando detalhadamente o que ocorre durante a cerimônia do casamento. Lá está ela, a melhor amiga, com quem partilhou tantos momentos, agora iniciando o cortejo último da sua solterice. Essa mulher já sabia de cor todos os detalhes do vestido, das flores, do que pensava o pai da amiga naquela hora, de tudo o que a amiga passou para chegar naquele momento e apresentar esse sorriso, tão radiante quanto ofuscador de quaisquer dúvidas e medos. A amiga vive seu momento de princesa, e há uma enorme corte a reverenciando.

Interna: Momento da reflexão sobre o que a mulher mais quer na vida e sobre o quanto valem suas conquistas. Dentro de cada mulher da atualidade, mesmo com os novos paradigmas, há um pedaço que permanece provindo daquela que tem sonhos. Às vezes nem sabe que gostaria que fossem realizados, mas a pegam desprevenida quando se emociona numa cerimônia de casamento tão tradicional. Naquela hora, ela, mulher-amiga, se rende à emoção do desejo inconfundível de ter um dia uma relação de amor que a preencha como nesse momento glorioso tão especial da entrada da noiva.

Castelos, príncipes e princesas

Externa: Cenas aparecem aos borbotões. São príncipes, homens jovens e ricos demonstrando poder, principalmente para satisfazer os desejos de princesas, suaves e desprotegidas, ou infelizes, mas protegidas. Castelos guardam quem dentro deles vive dos perigos do mundo de fora. Se eles ficarem juntos, os castelos os protegerão do mal que ronda lá fora.

Interna: Ser amada é ter a segurança de não ficar abandonada. Imagens sempre prontas para entrar em ação quando a mulher está empenhada no projeto de amar alguém. É uma instância psicológica tão cheia de detalhes quanto a exposição da mulher aos contos de fadas quando era pequena. E é tão mais poderosa quanto mais romântica e quanto mais resistente for às exigências da vida que a pressionam para desistir de sonhar e viver só o factível e o real.

O piano e a orquestra

Externa: No palco, um piano se mantém, enquanto uma série de instrumentos se revezam e interagem para compor juntos a melodia daquela apresentação. A platéia não consegue deixar de admirar a injunção entre essas duas instâncias. Durante horas, todos têm certeza de que o piano é quem comanda toda a função. Mas, quando se toma ciência de que ele está disfarçado nos sons potentes de outros tantos da orquestra, se percebe que fazem um conjunto tão bem coordenado, mostrando como um interdepende do outro. O piano se mantém único, enquanto a orquestra entrelaça os outros instrumentos e se harmoniza com o piano para juntos interpretarem a maior obra musical para todos naquele momento. É a consagração!

Interna: É o atributo feminino de manter sua essência enquanto acompanha e é acompanhada por todos os movimentos musicais da sua vida. Ela tem o atributo de ser a que é única e solista das frases musicais que comporão em conjunto a história da sua vida. Ao mesmo tempo, a mulher orquestra um conjunto de funções e consegue harmonizá-las, independentemente de conseguir tirar um único som, pois é de vários pontos e instrumentos que sua criação é composta. Juntos, ela e o seu todo formam o grande concerto para poder se apresentar como ela é para a vida. A mulher consagrada pelas suas facetas e nuances, pelas suas diversas habilidades.

A pianista

Externa: Sentada perante suas teclas, a postura física denuncia sua intenção de se expressar. Dorso ereto, cervical posicionada, deixa os braços caírem sem nenhuma força, sustentando os pulsos para que as mãos leves e os dedos arqueados dedilhem com segurança. São posições naturais, sem nenhuma preocupação consciente de sofrer alguma crítica. Nessa hora, só importa o que virá da sua interpretação, o que sairá de dentro de si, o que ela conhece de sua virtuosidade.

Interna: Ela precisa do seu instrumento para poder interpretar o que sabe e, ao mesmo tempo, o que sente do que recebeu da partitura do autor. Assim como quando a mulher tem em mãos seus atributos femininos, desenvolve suas potencialidades como tal e se encontra consigo mesma para viver e tocar a sua vida como uma obra musical de sua própria autoria.

A mulher e o violino

Externa: Ela empunha o instrumento com um gestual pronunciando o ombro à frente e, ao colocá-lo apoiado no queixo, como se estivesse conversando com ele, tem os olhos baixos entre a partitura e as cordas tocadas pela haste que desliza sobre elas.

Interna: É da mesma maneira como quando a mulher entra em contato consigo mesma e, tocando a sua essência, se movimentando e se contorcendo, se introverte para alcançar suas emoções e seus sentimentos mais profundos e depois reclina para trás e para cima, tentando atingir um novo patamar de inspeção para seguir adiante. Às vezes, a cena se confunde com a dor da alma de algumas mulheres que estão sofrendo por relações afetivas dolorosas. Em outras, mulheres que experimentam um grande prazer.

O jogo dos espelhos

Externa: Alguém que sente a si própria ao olhar para os outros. Enxerga tudo através do próprio espelho. Nem consegue realmente olhar o outro, ou o que está à sua volta. Mas não tem essa noção de como está vendo o mundo. Acredita realmente que o que enxerga no outro é de fato só a imagem desse outro, nada tem a ver com a sua própria, mas está projetada nesse outro.

Interna: Quando uma pessoa encontra à sua frente aspectos em outras pessoas que a incomodam sobremaneira, reflete seus aspectos nelas como ao estar perante um espelho. É incomum que o que conseguimos ver no outro não tenha relação de espelhamento com alguma experiência que já tenhamos vivenciado ou desejado. É o caso da inveja, que muitas vezes só colocamos no outro e, se examinarmos bem, descobrimos que também está em nós.

O tear que entretece o relacionamento afetivo

Externa: Cada fio, com sua cor, vai permeando o outro e fazendo um caminho que junta outro àquele anterior, que também trouxe outro, da mesma cor ou de outra. Outros tantos farão os mesmos movimentos, uns nos outros, criando então um entretecido que forma a trama pouco a pouco. Esse movimento está presente na relação mulher–homem.

Interna: Da mesma forma, um relacionamento afetivo vai permeando o que acontece entre as pessoas que constroem uma história juntas. Pouco a pouco, vai se formando um enredo, que constrói e é construído com o que um coloca no outro por meio de falas, sons, cheiros, modos de agir, de entender e de se dar. Vão construindo uma rede, que vai se entrelaçando e penetrando até construírem algo que pode envolvê-los, muito ou pouco, e permanecer durante o tempo que essa relação permitir. O que aparece de pronto é a paixão. O amor leva tempo para ser tecido.

A arte e a cozinha

Externa: A mulher, perante os seus apetrechos torneados, retos, flexíveis, rígidos, em concha, afiados ou pontiagudos, vai utilizando diversos elementos naturais, animais ou industrializados e constrói sua arte. A cozinha é seu ateliê.

Interna: A criação de um artista vem da possibilidade de integrar suas vivências em algo. A sua arte está em demonstrar o que sente de alguma maneira implícita ou explicitada e assim poder ser por quem a percebe. A mulher que cozinha faz mais que misturar ingredientes. Ela oferece ao outro sua sensibilidade, suas histórias e suas vivências. Há mulheres que colocam na sua comida uma enorme faceta do amor que as enleva ao cozinhar.

Manta que aquece não imobiliza

Externa: Bate aquele friozinho gostoso que faz a gente querer ficar quentinho. Com muitos agasalhos, não se fica confortavelmente aquecido. Coloca-se algo que não se precisa vestir. É bom quando é só colocado por cima. E, com a liberdade dos movimentos, damos aquela estirada nos músculos do corpo, mudamos de posição, nos acomodamos e nos sentimos finalmente aquecidos.

Interna: Nas diversas posições que a mulher ocupa, ela acaba se sentindo restrita àquela função, rotina ou trabalho. Passa a ser algo que contém a sua expansão, as suas necessidades, a sua ampliação de horizontes. Quando ela encontra uma situação em que pode se ampliar, se desenvolver com mais liberdade e se manter envolvida, reconhecida, dentro de um espaço acolhedor e confortável, ela identifica seus atributos individuais.

A paleta de tintas e as cores da comida

Externa: Momento de utilização da capacidade do artista de expressar em formas e nuances o que está sentindo. A cada momento, pode acessar as mesmas tintas e formar novas cores, cada vez de uma outra forma, de acordo com o que quiser representar, mostrar. Pode sempre utilizar o mesmo pincel ou usar, dependendo do que tem e sabe, diferentes pincéis e espátulas que melhor atinjam sua criação.

Interna: Por meio da comida, a mulher enxerga todos os sentidos sensoriais ao mesmo tempo. Sabe o que fica bem com isso ou aquilo, ou testa para provar novas possibilidades de forma ou textura. O mesmo ocorre quando uma pessoa utiliza os temperos para agregar aos vários alimentos e aí traçar um caminho para que a comida seja uma integração de vários elementos, como o fazem também as grandes cozinheiras.

APÊNDICE:
IMAGENS QUE INSPIRARAM *O MAPA DA ALMA FEMININA*

A visão em favo de abelha

Externa: O favo, onde a abelha deposita seu mel, tem formato composto de vários compartimentos, integrando um mosaico caseado, que serve para guardar toda a produção coletada e transformada. Não importa as medidas perfeitas e iguais em todas as células. O todo vai constituir o conjunto da sua função e de suas partes.

Interna: Ao enxergar um objeto, pode-se ter uma visão como em um vitral, repartindo-a em pedaços até formar um todo para aí serem entendidas como tal. Quando a mulher consegue juntar vários pontos de vista, vai entendendo, por meio de diversas posições, o que está acontecendo. Mas também pode viver uma fragmentação tal que o todo fica tão entrecortado que já não é possível uma integração das partes. A mulher que assim se vê precisa se perguntar se está se beneficiando com essa visão multifacetada. Ou se necessita de um trabalho de integração para se sentir mais inteira e se entender mais a partir do conjunto e não das partes.

Perfume de mulher

Externa: Filme que expressa como o sentido olfativo de um cego recria todo um momento em que ele pode reencontrar o que foi perdido, mesmo com a desgraça do que foi e não volta jamais.

Interna: As pessoas vivem esperando o dia em que serão felizes, e a vida se vai. Por meio de um perfume, até um cego pode ter o melhor momento da sua vida e encontrar uma mulher, dançar um tango com ela, mesmo que seja por um minuto, como acontece neste filme. Cada um deve viver o próprio momento a partir do seu próprio ser, o mais profundamente que puder, com base no que é a sua essência.

A floresta dos lobos maus

Externa: Meninas já convencidas de que o mundo só lhes fará cobranças e será pouco condescendente quanto às suas necessidades afetivas. Os lobos-homens maus as maltratarão, e devem ter sempre muito cuidado para não serem devoradas por eles. Esses vão querer tudo e não vão oferecer nada. Não haverá socorro possível.

Interna: Essas meninas crescem. Muitas mulheres, despreparadas para enfrentar o que seu dia-a-dia lhes exigirá, já vão assustadas para o mundo, sem a proteção que exige esse ambiente hostil. Por mais que utilizem disfarces, acabam engolidas da mesma forma que as mulheres das gerações anteriores, pois não percebem como são propensas a acreditar que sua força está na sua condição de usar os recursos próprios como uma mulher feminina.

A mulher das máscaras de ferro

Externa: Conforme a mulher aprende com os outros ou vivencia na própria pele, isto é, no tecido que está em contato com seu exterior, ela vai colocando sua maquiagem invisível de ferro. A máscara vai protegendo a mulher até de si mesma, e chega uma hora em que ela nem reconhece direito as próprias feições. Está acostumada a esse *layout*.

Interna: Quando ela cria para si condições em que agüente firme o que lhe exigem, muitas emoções ficam resguardadas atrás dos artifícios de que precisa para não expô-las descontroladamente. Essas máscaras vão se aderindo às suas feições de maneira que seus traços e suas reações vão endurecendo. Podem ficar tão confundidas com ela que essa mulher nem consegue reconhecer o que é de ferro e o que é a sua pele.

APÊNDICE:
IMAGENS QUE INSPIRARAM O MAPA DA ALMA FEMININA

Mapas e bússolas

Externa: Quando se abre um mapa, que, em geral, vem dentro de um canudo, a cada desenrolada se encontram novas áreas onde vamos conhecendo ou reconhecendo distintos países. Da mesma forma, quando percorremos um terreno mais amplo, sem tantas marcas da civilização, com o auxílio de bússolas, descobrimos por quais caminhos devemos seguir para chegar onde desejamos.

Interna: Assim como descobrimos os recônditos diferentes das mulheres, com características de cada lugar, cultura, idioma etc., quando já estamos no local, vivenciando o ambiente e sofrendo todas as interferências presentes e não reconhecemos caminhos, precisamos de bússolas. Como quando as mulheres, que caminharam e conquistaram tantos novos espaços e ainda assim precisam encontrar pontos de referência para continuar a sua ocupação nos novos papéis e funções que têm, de acordo com as qualidades inerentes a ela.

Bonecas russas encaixadas (*babuchkas*)

Externa: Primariamente, artesanatos que foram criados com o intuito de se encaixar uns nos outros, recriando a mesma figura, de um outro tamanho. A cada descoberta de uma figura, em uma montagem feita em camadas que se sobrepõem, uma nova e surpreendentemente curiosa figura menor se apresenta. São artesanatos, originariamente pintados um a um, que vão criando em seu conjunto a imagem de infinidade. É como se pudéssemos sempre esperar mais e mais bonecas saindo dali de dentro.

Interna: Assim é a mulher que, ao se descobrir perante as diversas experiências que tem consigo mesma, vai recriando uma experiência nova, e quanto mais se aprofunda, mais descobre a infinidade de características que a fortalecem e a acompanham em seu trajeto de vida. Consegue se perceber maior ou menor, até com variações que não aparecem de pronto, pois o jogo de poder se transformar e se descobrir, encaixando-se para se encobrir ou se revelando, forma sua história.

A volta ao mundo em 360 graus

Externa: Dizem agora que o mundo é plano! É só uma questão de comunicação globalizada, que vai às diversas direções, sem voltas, mas em todos os graus. Múltiplas versões podem ser atingidas. Tudo depende do que queremos alcançar. O mundo dá voltas em todos os graus, tão ricamente como no antigo filme *A volta ao mundo em 80 dias*, em que, com um balão, um homem se aventurou a conhecer a maior quantidade de lugares e culturas distintas.

Interna: Há tantos conceitos de mulher e jeitos de ser quantos recantos podemos encontrar ao tentarmos enunciar o que é feminino na mulher. O desejo da mulher de ser reconhecida como tal torna essa busca uma grande aventura, e se descobrir mulher pode ser a conquista de uma liberdade que a leva a todas as direções possíveis quando ela tem uma visão de grande amplitude sobre si mesma. Um mapamúndi da alma de uma mulher.

A viagem ao centro da alma

Externa: As excursões ao centro da Terra nos levam para camadas de altíssimas temperaturas, capazes de derreter qualquer material ou ser vivo. Descobrir a alma já imersa em uma série de fantasias tão ameaçadoras quanto amedrontadoras também é uma aventura. A alma é que revela o que há de mais puro nos sentimentos e nas emoções. Nem sempre o que se mostra é o que se é.

Interna: Não se está em contato com a alma o tempo todo. Ela pode estar mais perto, mais acessível, mais à mão, ou precisar de uma preparação, um esforço para atingi-la, de tantas camadas superpostas a ela. Mas, mesmo assim, não é difícil imaginar onde ela está, pois faz parte de nós mesmos, independentemente do que podemos crer que ela é. O dia-a-dia tende a exigir tanto de nós que não damos tanta bola para ela. Afinal, temos que trabalhar dentro do que se espera, do que nos é cobrado, do que nós mesmos nos colocamos como tarefa. Mas ir para lá, lá dentro, no nosso mais profundo, e mais ainda para o centro dela, pode, sim, ser uma viagem inesquecível.

Teresinha e o desejo de ser chamada de mulher

Externa: Chico Buarque de Holanda, que nos presenteou com a música "Teresinha" e trouxe uma mulher que ia escolhendo companheiros pelo jeito que eles a tratavam, foi mostrando a Teresinha que poderia ser qualquer outra mulher que estivesse sendo retratada como aquela que buscava alguém. Vão passando diversos homens, e em cada um ela vai encontrando aspectos diferentes. Finalmente, aparece o último homem descrito na música.

Interna: Teresinha encontra este, que é um companheiro, um complemento, um sentido para sua vida como mulher, mas principalmente um homem que a reconhece e também lhe dá a possibilidade de se reconhecer como quer ser. Um homem que a chama pelo que ela tem de mais genuíno, mais verdadeiro e que mais a torna única e especial para ele. O que ela queria realmente era alguém que a chamasse de MULHER, que é como a mulher mais deseja se percebida, nomeada.

O desejo do colchão afetivo

Externa: A mulher vai de um lado para o outro. De um papel para o outro, de uma função, uma exigência, uma entrega de seus atributos e suas habilidades, uma maneira de ver o mundo e os outros, para outros tantos, de acordo com o modo de complementar o que está sendo solicitado dela. A mulher, muitas vezes, nem está percebendo como tem que se transformar como um camaleão ao longo de suas atribuições. Há um certo desgaste. Ou um grande desespero. Muito incômodo. "Ah, como é bom descansar num bom colchão..."

Interna: Quando a mulher corre de um lado para o outro tem que agüentar tantos desmandos que luta para manter tudo em pé e funcionando na sua vida. Quando não consegue tirar umas férias da mulher que tem que cumprir seu papel o tempo todo, ela fica cansada. E isso não dá para ser contado pelo número de horas que está de pé, no trabalho, na cozinha, no carro ou nas funções familiares ou sociais. É o tempo emocional que dela é exigido que a deixa esgotada de "ter que ser". Aí vem o desejo de um colchão afetivo, de alguém que possa acolher e dar conforto, que a coloque para descansar e relaxar. E, é claro, um relacionamento com afeto, com muito espaço para o afeto que ela merece.

Esconderijo: floresta escura

Externa: Árvores se entrelaçam. Arbustos crescem menores. Folhas e galhos por toda parte. O chão coberto de gravetos e folhas soltas forma caminhos que desaparecem logo adiante. Às vezes, dá para enxergar uma nesga do céu, mas o que é difícil é não conseguir diferenciar o dia da noite. Não dá para saber se é sombra, se é galho, se vai ter uma hora que se encontra algum caminho ou se é melhor ficar por ali mesmo.

Interna: O mundo lá fora pode ser mais incômodo que o lugar conhecido. Trabalho é terreno seguro para muitas. Conhece-se quem está lá, o que se tem para fazer. Sentimo-nos importantes e com uma função bem definida. Às vezes, até reconhecidas, aceitas, valorizadas. Afinal, nos enxergam pelo que fazemos. Mas será que mostramos o que sentimos, por onde anda nossas dores, nosso potencial, nosso sonho? Ou estamos escondidos e nem temos tempo para essas coisas?

Uma haste para crescer

Externa: Uma planta precisa se apoiar para que seu próprio peso não arrebente o caule. Coloca-se uma haste para mantê-la em uma posição que lhe dê mais condição para se desenvolver. Isso ocorre com as plantas de vaso, como as orquídeas, e também com arbustos que queremos que se desenvolvam para um dia ser árvores. Se não o fazemos, no caso, com uma árvore que queremos ter no jardim, vamos deixar essa muda, que ainda é frágil, sujeita a condições ambientais muito desfavoráveis para o que queremos lá na frente, no futuro: uma sombra, uma fonte de alimento ou um ambiente mais interessante.

Interna: Uma haste não precisa necessariamente ser maior que a própria planta. A mulher quer manter a própria identidade, com suas características, para se desenvolver e seguir o seu projeto. Por isso, não pode simplesmente ser deixada ao relento, sujeita a quaisquer agressões, que podem até mesmo inviabilizar sua condição de ter o seu sentido de ser. Esse apoio, ou estaca, ou guia, não interfere na sua realização em si. Uma mulher que tem ao seu lado a segurança do outro em momentos ou fases em que ainda não está totalmente fortalecida transcende e se supera, atingindo suas realizações como uma árvore frondosa que participa do seu meio ambiente e compartilha da perfeita natureza.

Âncora que impede viagens

Externa: Muitas mulheres se vêem impossibilitadas de seguir sua trajetória, seja em busca de sucesso, seja de realização pessoal. Estão envolvidas em relacionamentos que as mantêm atreladas a algo que nem conseguem ver o que significam para elas. Sentem-se seguras no estilo de vida que têm e só não entendem o porquê da imobilidade em que vivem. Buscam respostas para questões como: por que não sobem na vida, não dão certo em atividades em que têm boas condições de mostrar seu potencial ou outros exemplos de imobilizações. Não conseguem achar os motivos.

Interna: Ao procurar mais profundamente, em uma psicoterapia, por exemplo, verificando a própria estrutura que as mantêm, vão encontrar a âncora que as fixa no fundo e as impede de sair do lugar, rumo a novas conquistas, novos portos, novas realizações. Se alguém pretende dar um suporte a outro, não pode utilizar instrumentos que impeçam o desenvolvimento deste, o movimento, a busca, a viagem para a vida.

As pontes elevadiças do castelo

Externa: O castelo é sólido, robusto, com torres nas esquinas. Construção antiga que resiste a qualquer ciclone. Há pedaços vazados nos muros para que se enxergue o exterior. Um grande portal fechado completa o único pedaço que não é de pedra, mas de uma madeira inconfundivelmente pesada. Daí saem as pontes elevadiças. É o único acesso ao interior do castelo. Se não as descerem, ninguém entra, ninguém sai.

Interna: A mente está protegida pelo raciocínio, pelos pensamentos, pela memória, pelos vários mecanismos conscientes e inconscientes a fim de resguardar o que se passa dentro de cada um. Ela comanda e é comandada pelas emoções. Quando precisa se proteger de situações perigosas e percebidas adequadamente, nos dá tempo para nos prepararmos para algo que possa ser desagradável. Mas, depois de tanto preparo, tantos riscos, tantas invasões, chega uma hora em que já não vale a pena deixar circular, entrar e sair, conhecer e se envolver. Fica tudo em suspenso, tudo resguardado, não se aceita ninguém que possa representar um risco ao entrar no mundo protegido.

Olho nu e microscópio

Externa: Olha-se e não se consegue ver. Nem sempre o que simplesmente vemos é o que enxergamos. O olhar pode nos dar uma das referências do que está sendo o objeto desse olhar. Em um primeiro momento, encontra-se alguém que vai ser quem se escolhe para compartilhar uma experiência de vida. Pode-se enganar muito. Chegamos perto, mais detalhadamente, e percebemos outras particularidades.

Interna: A escolha de alguém pode ser muito confortável, adequada, mostrar-nos aspectos interessantes e muito compatíveis com o que se espera de um relacionamento. Mas será muito mais compatível com uma escolha conforme os parâmetros do que se precisa quando se percebe o outro mais amplamente: mais coisas, em diferentes momentos, sem tantos artifícios e artefatos, mostrados à medida que convivemos com o outro. Aí, detalhes, que às vezes podem ser microscópicos, nos trazem mais respostas para saber com quem estamos convivendo.

Homem abridor de latas

Externa: "Querido, você pode abrir esse vidro pra mim? Afinal, o homem é você..." Esse vasilhame pode ser uma lata, uma garrafa ou uma conserva. A mulher até pode abri-lo sozinha. Afinal, tantas outras vezes ele não estava lá, e ela é tão fraca fisicamente que não possa torcer o abridor.

Interna: Quando a mulher pede algo ao homem que possa parecer simplesmente uma questão de fazer mais força, até por ele ter mais jeito ou para não estragar a unha dela, é uma maneira de mostrar o quanto ela está se importando e dando valor ao fato de ele estar lá, ao seu lado. Não é necessariamente uma incapacidade ou falta de musculatura suficiente. Ela o está confirmando como presença, como uma declaração de feminilidade, fortalecendo o masculino desse homem.

Andando em círculos na floresta

Externa: A mulher incorre nos mesmos erros, escolhe opções que não lhe satisfazem, persiste em querer um caminho sem se questionar se já não passou por ali antes e se não foi o suficiente o que já experimentou. Indica que está andando em círculos. Não enxerga pisadas, marcas, galhos quebrados. Já havia passado por ali antes.

Interna: Quando falo em floresta é porque não há indicações precisas de que o caminho é este ou aquele. As árvores podem ser muito parecidas, nelas existem muitos elementos sutis para serem observados e captados. Por isso, não se aprende muitas coisas por ter passado ali.

Coordenadas: latitudes e longitudes

Externa: O globo terrestre tem círculos imaginários de referência que nos servem de orientação. Se estivermos mais ou menos perto da linha do Equador, da linha mediana entre os dois hemisférios, temos a informação de que é a zona mais ou menos quente, ou mais fria, conforme a proximidade deste. Isso quer dizer latitude. Ou em determinada

APÊNDICE: IMAGENS QUE INSPIRARAM O MAPA DA ALMA FEMININA

latitude, indo à direita ou à esquerda de onde nos situamos quando em referência a um certo ponto, em uma longitude nos aproximamos ou distanciamos do meridiano de Greenwich, o fuso de referência zero. Essas são uma das maneiras de nos situar se estamos onde queremos estar e também como fazer para nos aproximar do lugar ao qual gostaríamos de chegar.

Interna: Ter as coordenadas da própria vida e não deixar a vida nos levar para onde der nos dá um sentido de direção. Para isso, precisamos de coordenadas com base no que cada um tem como referência para si próprio. Ir para um lado ou outro e estar mais preparado para certo momento ou estado na vida indicam uma orientação para onde devemos nos deslocar.

Praia e alto-mar

Externa: Ela diz que vai à praia. Isso no máximo quer dizer que vai a um lugar que tem areia e mar. Mas não é tudo. Ela pode nem colocar roupa de banho, biquíni, chapéu etc. Assim como pode não molhar os pés. Os motivos que cada uma tem para fazer isso são vários. Pode até dar uns mergulhos, mas ainda no raso. A mulher que não tem medo pode ir lá para o fundo e chegar no alto-mar. São os diversos níveis de se envolver com essa ida à praia, assim como com um relacionamento amoroso.

Interna: Usando essa cena, pude encontrar uma simbologia para o que acontece quando uma mulher está envolvida em uma situação. Da mesma forma, há mulheres que sofrem muito por estarem envolvidas intensamente com alguém que simplesmente foi à beira-mar com ela. Às vezes, até permanece lá, como se pudesse pôr os pés na areia, mas está com um homem que é muito diferente dela, de como ela está. E, se ela conta com esse homem para algo significativo, vital em sua vida, como o salvamento de algum acidente, vai se sentir no mínimo muito frustrada. Esse relacionamento não a preencherá. São diferentes instâncias de relacionamento.

As diversas camadas do ovo

Externa: A casca do ovo tem características diferentes da gema. A casca tem contato com o exterior, a gema, não. Há as condições físicas, a consistência, a coloração ou a transparência que a clara desse ovo tem. Mas, de outro lado, tanto a clara quanto a gema não são visíveis pela casca do ovo. Agora, tanto a gema como a casca têm uma definição que a clara não tem. A clara se esvai, se não tiver um recipiente, algo que a contenha, pois ela, que é mole, se esparrama toda como uma geléia. E aí se vão várias outras características que podemos encontrar no ovo, esse elemento tão frugal quanto interessante, para examinarmos e associarmos com o que acontece, por exemplo, com a mulher.

Interna: Se a mulher não souber os seus limites e ao mesmo tempo não se deter para um exame mais profundo, pode imaginar que já viu tudo. Como ao olharmos só a gema, tão mais amarela que as outras estruturas, não estaremos percebendo tudo do ovo. Mas, lá dentro dela, em um exame mais detalhado e especializado, veremos que há características únicas daquela mulher, como na gema, que detêm os genes ou os códigos genéticos. Caracterizando também essa mulher como única, a sua essência a identifica, a especifica, como um código genético da sua feminilidade.

A mulher e seus segredos: desvendando o mapa da alma feminina foi impresso em São Paulo/SP pela Oceano Indústria Gráfica e Editora, para a Larousse do Brasil, em setembro de 2007.